Мудрость и разумение

(История, основанная на доподлинных фактах - не обязательно из нашей реальности)

Рубен Бобров

> *И внял я неба содроганье*
> *И горний ангелов полёт*
> *И гад морских подводный ход*
> *И дольней лозы прозябанье.*
>
> А. С. Пушкин

CopyRight © 2024, Roman Biberman

Из протокола допроса Ника Гладченко старшим следователем Департамента компьютерной безопасности МВД РФ Юрием Сандальским.

ЮС: пожалуйста, для начала, пару слов о характере Вашей деятельности на момент задержания.

НГ (морщась): да я уже сто раз рассказывал вашим ребятам про эти мои… дела.

ЮС (с легкой улыбкой): и всё-таки, чтобы, так сказать, "разогнаться мыслью", не помню какой классик так выразился.

НГ: Классик, мать-перемать… (Внезапно возбуждаясь) Я есть Классик! Всё что я ни делал было класс! Мои скрипты, мои "кони", мои перехваты, мои боты, мои подходы к людям, к софту…

ЮС: то есть, переводя на общечеловеческий, Вы писали и запускали зловредные программы, а также завели агентурную сеть во многих финансовых организациях, включая ведущие.

НГ: Ну да, согласно вашему "общечеловеческому" протоколу… В действительности, не такие уж зловредные были эти " программы" как вы выразились.

ЮС: Не понял, это что, не было программ?

НГ: Да были конечно, но это… как сказать… всё равно что назвать француза человеком. В принципе верно, но никакой конкретики.

ЮС: вот-вот, конкретика – это ключевое слово, это то что я хотел бы услышать. Например, вы упомянули что они не были зловредными – эти ваши… "кони"? скрипты?

НГ: Ну конечно они доили эти самые банки... Но понемногу...
ЮС: Потому что этих самых банков было много?
НГ: Именно. Свои ребята были и в CITI и в Deutsche и в Credit Suisse, а также в шарагах помельче. Бабло ручейками перетекало в офшоры на Карибах и в Лихтенштейне. Не чурался любой другой работы, например, добычей/продажей данных кредитных карт или внутренней информацией фирм. Всё было шито-крыто, работало как по маслу, со всеми делился, никто не обижался, ущерб рядовым гражданам – минимальный.
Короче, спокойная и безбедная жизнь честного кибер-вора.
Пока бес меня не попутал хакнуть этот долбанный сайт.
ЮС: Да, да, вот здесь, пожалуйста, поподробнее.
НГ: здесь, конечно, промашка вышла... Не могу понять, как я мог так нарушить основное правило нашего ремесла: не присыхай душой к контенту. Скачал, сфотографировал, запомнил в крайнем случае – и вали.
ЮС: Стало быть, подвернулось нечто действительно из ряда вон, чтобы так оступиться?
НГ: Да не такое уж из ряда вон, если честно... во всяком случае поначалу. Шастал по директориям, как обычно, в надежде найти что-нибудь ценное, вдруг нечто несуразное проскакивает – именно проскакивает, а не бросилось в глаза. Я уже был на 20-30 линий ниже, когда что-то в подкорке взбрыкнулось, дескать, что за параша?! Скролаю обратно вверх, смотрю - PDF файл, ну который с Акробатом работает...

ЮС: Я знаю что представляет собой PDF файл, продолжайте пожалуйста.

НГ: Ну да, конечно... Но дело здесь не в PDF или каком либо другом расширении, а как этот файл обозвали!   "Proekt

Agasfer"! Причем упоминание о Вечном Жиде меня не зацепило – мало ли кто что что пишет! Но "Proekt"!

ЮС: Именно "Proekt" а не "Project" как можно было ожидать на англо-язычном компьютере?

НГ: Уважаемый! Если бы там был "Project", мы бы с вами здесь не сидели! Теперь представьте себе - вы влезли в сервер где-то между Фиджи и Зеландией, и обнаруживаете что там мог оставить след некто владеющий великим и могучим! Зацепило бы?

ЮС: Ну... я думаю да...

НГ: Тогда вы меня поймёте... Но изумление моё достигло предела, когда я открыл файл и начал читать. Написано было на чистом и достаточно грамотном русском. Поглотило сразу, особенно это предисловие – ну вы читали....

ЮС: Да, да (читает)

"Чтобы не было никаких недоразумений...

Основной причиной, вызвавшей появление этой книги на свет, является снятие, по истечении 45-летнего срока, грифа секретности с нашумевшего дела о пресловутом Проекте Агасфер.

Были обработаны все распечатки, электронные, оптические, нано- источники и даже рукописные материалы, когда-то конфискованные в штаб-квартире Проекта.

Необходимо упомянуть в этой связи стенограммы допроса свидетелей специальной комиссией Сената США, а также протоколы следствия Прокуратуры РФ.

Были также использованы дампы памяти обоих «полушарий» главного процессора Агасфера, который, как утверждают, так никогда и не был отключен от питания.

Особую роль в построении эмоциональных профилей фигурантов сыграли **ментограммы**, *хранившиеся на специальных био-носителях в потаенных лабораториях Проекта («закромах», по выражению Г. П. Круглика).*

Словом, это не вина автора, что вещь, задуманная как судебный очерк, эволюционировала в такое мистико-техно-криминальное месиво.

Следует также отметить, что автор, как добросовестный исследователь, предпринял попытку воссоздать условия и время которые сформировали Участников. Что в конечном счете привело к прослеживанию их родственных, маритальных и прочих связей, охватывающее почти полувековой период.

Таким образом, повествование приобрело некоторые черты семейной саги.

Независимо от того, к какому жанру данная книга будет причислена, автор с полным уважением отнесется к решению читателя прервать чтение в любой точке повествования если оно покажется несовместимым с его, читателя, представлением об исторической правде, научной достоверности или здравом смысле.

Автор, июль 2054 г. "

Минуточку! Я как-то пропустил это в начале... *2054???* Это что? Описка? Или такой намёк на фантастический жанр?

НГ: (сдавленным голосом): Я бы много отдал если б это было так...

ЮС: Как ЭТО прикажете понимать? Мы что тут в машину времени играем?

НГ: Да какая там машина... впрочем, хрен его знает... короче... вещи стали происходить...

ЮС: Какие вещи?

НГ: Начну с упоминания о Рите Гладченко, моей родной тетки по отцу. Она действительно стала женой физика, только фамилия его была другая

ЮС: И это всё?

НГ: Да нет... Само имя Agasfer как-то всплыло из моей детской памяти. Когда взрослые обсуждали во время одного застолья одну тему в НИИ, связанную с замедлением процессов старения. Тема была задана правящими старцами тогдашнего СССР. Видимо руководящий ареопаг хотел продлить свое физическое существование как можно дольше. Сначала зубоскалили про старцев, потом стали философствовать о том является ли вечная жизнь таким уж подарком. Пришли к выводу что нет, не является. Agasfer, естественно, был приведен как пример. Так вот, в этом самом "произведении" есть прямой намёк на работы по замедлению старения.

ЮС: И всё-таки трудно себе вообразить что такой хакер без страха и упрёка мог быть так потрясён подобными совпадениями.

НГ: Но и это ещё не всё... Этот самый каббалист, Арье Блум. На момент, когда я отмороженно предавался чтению сидя на том сервере, он был еще жив. Когда я несколько дней после этого прогуглал это имя, я узнал что он отдал концы. И знаете сколько он прожил? 48 лет и 3 месяца!

Точно как ТАМ! Я прошарил все Нью-Йоркские газеты, таблоиды – всё что можно найти онлайн. В социальных сетях – молчок.

Крошечный некролог в "Post" – это всё что я нашел. О причине смерти – ноль. Ни болезни, ни несчастного случая – ничего. Ну как не сказать:

"То есть вот жил-жил себе человек и в 48 лет умер"?
Это прямая цитата из того самого файла, если вы помните.

ЮС (щёлкая на лэптопе): Цитата?... Ага, есть такое. Но ТОТ Арье Блум жил на четверть века раньше чем тот которого вы... "нагуглали".

НГ: ну если бы ВСЁ совпало, тогда и разговора бы не было. "Малява" из будущего, так сказать, прямым текстом...

ЮС (переходя на ты): М-да... И что, NSA засекло тебя когда ты читал?

НГ: Да это была подстава с самого начала – я теперь это понимаю. Уж слишком легко было взломать. На кой ляд это им понадобилось – другой вопрос.

ЮС: Ну это уже тема для отдельного разговора... Хорошо, для 1-го раза достаточно. Может быть, понадобиться встретиться еще. Советую оставаться дома чтобы домашний арест не был заменен более суровой мерой пресечения.

Юрий Сандальский

"Если день встал не с той ноги, он будет хромать до самой ночи". Эту полуграмотную сентенцию моего бывшего сослуживца из Дагестана я вспомнил, когда мне всучили это дело. Утро началось с того, что я случайно обнаружил в Наташкином рюкзаке пачку сигарет. Теоретически, я, конечно, слышал рекомендации, что, если имеешь дочь-тинейджера, повышать голос в разговоре с ней, мягко выражаясь, не рекомендуется. Но мысль о том, что эта дрянь еще и курит, привела меня в бешенство. Под "еще" я подразумеваю постоянные дерзости родителям в ответ на любые, даже самые мягкие замечания. Не говоря уже о резком снижении успеваемости за последнее время. Тем утром она, не моргнув глазом заявила, что сигареты Ленкины, а той отдал их на хранение какой-то её дружок. У Ленки, дескать, сумка была переполнена. И моя сердобольная дочь оказала, значит, такую вот услугу своей подруге. Честно говоря, в этой версии не было нестыковок, и запаха курева от неё тоже не было – я как некурящий почувствовал бы сразу. Так что жена предложила отложить разбор полётов до вечера, и я после некоторых пререканий согласился.

Но время было потеряно, я конечно попал в пробку, и когда подъехал к Конторе, заседание было в самом разгаре. Председательствующий Прокоп (о нем позже) язвительно оскалился, дескать, спасибо что не забыли про нас, Юрий Александрович, пришли всё-таки.

Сначала были обычные печки-лавочки: процент нераскрываемости, висяки, т.д.

Потом Прокоп встал, изобразил ужимку, которая, судя по всему, должна была означать многозначительность, и произнёс:

"Друзья, сегодня нам необходимо обсудить вопрос, который был поднят нашими партнёрами из одной страны. Я бы сказал, весьма влиятельной страны. В этой связи связи у нас сегодня гости... оттуда, ну вы сами понимаете откуда..."

(При этом он очертил указательным пальцем траекторию которая начиналась где-то в районе паховой области и уходила куда-то в сторону/вверх. Тут только я заметил двух сидящих поодаль субъектов в одинаковых сереньких костюмчиках. Что делало их похожими друг на друга подобно Чуку и Геку. Или скорее двум картам из одной колоды.)

"Случай довольно любобпытный, особенно если учесть что в него вовлечены наши с вами, с позволения сказать... соотечественники. Которые по всем показателям соответствуют нашему профилю... То есть я хотел сказать профилю нашего подследственного контингента. Тут особенно важно назначить достойного представителя с нашей стороны который мог бы оказать квалифицированную помощь нашим заинресованным органам а также, если потребуется, иностранным партнёрам. Охотники? Добровольцы?"

Гробовое молчание было ответом. Охотников/добровольцев желающих облажатся перед нашими заинресованными органами и иностранными партнёрами, естественно, не нашлось.

Тут самое время представить Прокопа - имярек Сергей Иванович Прокопенко, директор Департамента. Персонаж весьма колоритный, надо отметить. Главное его качество - так построить ответ на любой вопрос, что вопрошающий мог бы интерпретировать этот ответ на своё усмотрение. Даже если это самый простой вопрос, типа да/нет. Наверное это и называется -дипломатический талант.

Но в тот день, видимо, какие-то большие дяди ожидали от него вполне конкретного решения. То есть агнец должен был быть выбран и передан по инстанции для последующего заклания.

Отсутствие волонтёров, видимо, не явилось неожиданностью для прожженного Прокопа. После некоторой паузы, изобразив разочарование, он изрёк:

"В таком случае, нам придется пересмотреть наш кадровый потенциал и назначить специалиста который бы соответствовал необходимым критериям. "

На этом говорильня закончилась и все были рады разбежаться по своим углам.

Но лично для меня это имело прямое продолжение. Где-то во второй половине дня последовал звонок от Прокопа с просьбой "заскочить на секундочку". В кабинете уже сидели Чук и Гек, и я сразу осознал что агнцом для заклания на этот раз предстоит быть мне.

Разумеется, сдаваться сразу я не собирался:

"Сергей Иванович, ну почему именно я? Я что, наименее загруженный кадр в отделе?"

Прокоп выразительно взглянул на Чука/Гека и те, понимающе кивнув, ретировались.

Когда дверь закрылась, босс заговорил задушевным, чуть ли не интимным тоном:

"Ну причем тут загружен - не загружен, дорогой? Я просто не могу послать кого либо

другого. У тебя подготовка, хороший послужной список, отличнный English"

- "Какой отличнный? Я только статьи переводил..."

"Ну у других и этого нет. Ну с этим ты хоть согласен, Юра?"

И потом, после паузы:

"Я просто чувствую именно ты справишся с этим наилучшим образом"

Т.е. обычное заливное что-бы сыграть на самолюбии.

- "Так что передавай дела Кирееву и впрягайся"

"Как? Вот так сразу всё бросить? Да что это за срочность такая в конце концов? С чего такой ажиотаж?"

Прокоп перешёл на свистящий шепот:

"Да, именно ажиотаж, милок, да такой ажиотаж что мало не покажется. Андрей с Владимиром (кивок на дверь) тебя ознакомят подробнее, вкратце же дело в том что НЕКТО (укасательный палец поднят) закинул НЕКИЙ (укасательный палец поднят) файл на сверхсекретный, сверхохраняемый сервер Агенства Национальной Безопасности США. Ты спросишь каким боком это нас касается? Файл содержит текст на русском языке - вот каким. Но это только цветочки. Каким-то непостижимым образом файл содержал информацию которая была доступна только высшему руководству Агенства. Они даже утверждают что в нем упоминались события которые произошли ПОСЛЕ того как файл был обнаружен. (Хотя это могли быть просто совпадения, и они дали волю своей фанатазии)

Короче, ошарашенные пиндосы не нашли ничего лучшего как устроить ловушку для кого-нибудь из наших взломщиков, используя файл как приманку - вдруг хоть какая ниточка появиться. Попался какой то ранее неизвестный субъект, разумеется из наших.

Что дало им формальное право обратиться к нам за 'разъяснениями' "

- "А теперь, как выражаются наши клиенты, прикинь к носу ситуацию. В данный момент, когда наши отношения наихудшие со времент Карибского кризиса, во время т.н. "учений" на украинской границе, на фоне продолжающейся истерики правящей дем. партии по поводу нашего якобы вмешательства в ихние выборы - они официально обращаются к нам за помощью!"

- "И конечно это всё теперь висит на мне - не допустить чтобы страна упустила такую историческую возможность."

- "Не иронизируй. И работать ты будешь, разумеется не один. Значительные ресурсы из соответствующих ведомств уже задействованы. Твоя задача - изучить этот текст, выжать всё что возможно для того чтобы составить хоть какой то профиль этого возмутителя спокойствия. Мы не можем на данный момент нанять литературного аналитика или психолога для этой цели - нужно чтобы как можно меньше лиц знало обо всем этом."

- "То есть найти какой то намек но то, каким образом он пролез на этот NSA сервер."

- "И это тоже конечно. Как ты видишь, это не какое-нибудь 'одномерное' дело, если можно так выразиться. Тут и дипломатия, и разведка, и технический аспект который ты упомянул. И кадровый кстати тоже".

- "М-да... неплохо бы выйти на ребят которые смогли протолкнуть такой взлом".

- "Ну это вообще главная цель... Хотя мне лично кажется что на начальном этапе это скорее... как сказать... журавль в небе... А вот синица в руках у тебя уже есть!"

- "Тот самый хмырь который клюнул на наживку?"

- "Ну да! Советую попытаться вытрясти из него всё что можно. Тип не такой простой как может показаться. Сам факт что он создал и правил такой командой столько лет и оставался незаметным для всех, включая наших силовиков, уже что-то значит. Теперь, когда NSA выпотрошило всю его сеть - и его подельники в Джерси-Сити, Тель-Авиве, Дюссельдорфе и Чинае сидят под следствием - он естественно, так скажем 'не в духе'. Но может быть это как раз очень удачный момент задать ему пару вопросов - именно сейчас когда он сломлен. Он может может быть полезен как специалист и как 'читатель' так сказать... Советую не мешкать пока органы не начали переквалифицировать его в очередного "бойца невидимого фронта". Родина в наше время не разбрасывается такими специалистами - ты же знаешь."

....

... Уже глубоко заполночь. Я, накачавшись кофе, пытаюсь, насколько позволяют мои почти атрофированные мозги, вникнуть в это самое, с позволения сказать 'произведение'. Причём я не могу *прервать чтение в любой точке повествования* несмотря на то, что оно, это повествование, абсолютно несовместимо с моими представлениями об *'исторической правде, научной достоверности или здравом смысле'*.

Это опция, любезно предоставленная автором, явно не для меня.

Ибо сроки очень сжатые и от меня ожидают если не решения задачи, то хоть каких то намёков которые могли бы помочь...

Чтобы хоть как-то организовать работу, я пытаюсь скомпилировать что-то вроде конспекта с кратким изложением сюжета, опуская художественные/лирические излишества.

Хотя некоторые фрагменты законспектировать не удаётся. Например самое начало, которое было выделено курсивом:

" *Надсадный реактивный вой не давал сосредоточится, сухая трава раздражала и причиняла зуд. Но ничто не могло омрачить чувства облегчения, вызванного тем, что он, наконец, прибыл. Приятно было лежать вот так, незаметным и не замеченным, думая о кошмарной фантасмагории последних дней и месяцев в прошедшем времени. Хотя впереди его могли ожидать испытания еще более тягостные и опасные, сознание того, что первый этап позади, вселяло что-то похожее на уверенность – чувство, которое он уже и не помнил когда испытывал. Во всяком случае, с тех пор как он был вырван из своего околокоматозного состояния столь циничным и жестоким образом.*

Он не чувствовал ненависти к людям, которые использовали его как биосырьё для своего извращенного эксперимента. Ненависть, как и все подобные ей эмоции, навеки остались в минувшем.

Все его жизненное летоисчисление, с тех пор как он побывал Там, делилось на две простые части: до и после. До – обычная двуногая особь со своими клоповыми интересами и исканиями. После ... он не мог подобрать определения тому, кем он стал после. Изменились мотивация, мироощущение, кардинально изменилось естество. Он не мог даже точно сказать остался ли он homo sapiens или принадлежит уже к какому-то другому подвиду. Что он знал достоверно, так это то, что у него очень мало времени. Ресурс, заложенный в него «экспериментаторами», оставлял ему считанные дни.

С трудом подавляя соблазнительную инерцию покоя, он медленно поднялся, подобрался к краю насыпи и с опаской выглянул из-за бетонного ограждения. На него дохнуло этилированным перегаром поясной автострады. Вдали, насколько хватало взора, словно галактика, раскинул свои огни Мегаполис – гигантский сгусток неведомой бурлящей жизнедеятельности. Он каждой клеткой ощутил этот натянутый вибрирующий нерв.

Внезапно, чувство парения овладело им, и он увидел все это со стороны: аэропорт сзади, Город перед собой и прямо внизу – нелепую долговязую фигуру, застывшую в оцепенелом созерцании..."

Тут не то чтобы есть вопросы, а весь отрывок - один сплошной вопрос.

В надежде что что-то прояснится по мере моего углубления в текст, продолжаю копать дальше. Действующие лица, события, даты... В принципе не такая уж необычная работа - что-то вроде составления протокола. Это сравнение с протоколом как-то успокаивает - на какое-то время позволяет отвлечься от сюрреализма ситуации. От странного ощущения что вся эта писанина - не то чтобы вымысел - с этим вполне можно было бы смириться - а некий осколок, отлетевший от какой-то другой жизни, другой реальности. Не иначе как этот "честный кибер-вор" Ник вогнал меня в такой мистический настрой...

Ник Гладченко

"*Все его жизненное летоисчисление, с тех пор как он побывал Там, делилось на две простые части: до и после.*"

Эта фраза не покидает меня с тех пор как я её прочитал.

Не знаю, все эти "совпадения" тому виной или что ещё, но я, после того "читательского сеанса", как-то… изменился тоже. Как говориться, не для протокола будь сказано. Т. е. следователю я это не сказал, иначе бы он решил что я совсем поехал…

Да, честно говоря, причин поехать мозгами у меня предостаточно. Дело, которому было посвящено столько времени и сил, накрылось, бригаду повязали, активы почти все конфискованы. При нормальных обстоятельствах, всё что случилось вызвало бы, по крайней мере, глубокую депрессию у любого.

У меня же в башке сидит этот клятая "сага". Некоторые пассажи я чуть ли не наизусть запомнил. Особенно начало, ну то которое курсивом.

"*Вдали, насколько хватало взора, словно галактика, раскинул свои огни Мегаполис – гигантский сгусток неведомой бурлящей жизнедеятельности. Он каждой клеткой ощутил этот натянутый вибрирующий нерв.*

Внезапно, чувство парения овладело им, и он увидел все это со стороны: аэропорт сзади, Город перед собой и прямо внизу – нелепую долговязую фигуру, застывшую в оцепенелом созерцании.

Он ощутил себя частью некоего всеобемлющего эфира. Терабайты сведений, жар эмоций, мимолетные всплески информации и протяженные во времени процессы - заполнили всё его естество. Каким-то непостижимым образом он смог просеять все эти потоки генерируемые миллионами источников и выудить некую небходимую для себя суть... Через несколько мгновений обладатель долговязой фигуры, дождавшись перерыва в трафике, в несколько шагов перемахнул 8-полосную дорогу и устремился к огням. От оцепенения не осталось и следа, но некая торжественная отрешенность все-таки ощущалась в походке и во взгляде. Так, наверное, чувствовал себя камикадзе, заходящий на последнее пике. С той лишь разницей что последний, видимо, предвкушал блаженство следующей жизни, в то время как долговязый цеплялся за ошмётки предыдущей. За надежду вернуть память, воспоминания о прежнем существовании, прежней утраченной любви - эта фантомная боль потерянной конечности не давала покоя... "

Звучит как заурядная фэнтэзи, но если учесть место где она была "опубликована" и обстоятельства при которых я столкнулся с этим текстом, то на душе становиться неспокойно. Тем более что следователь намекнул, не для протокола конечно, что этот файл совершенно непонятным образом закинули на другой сервер, защищенный по последнему слову. В отличие от той дешевой ловушки куда я так вляпался.

Приведенный выше текст намекает на существование некой Абсолютной сети включающую в себя как "материальную" так и "надматериальчую" составляющие. Если принять это за аксиому, то факт что этот файл был "uploaded" на 100% защищенный сервер не выглядит таким уж невероятным. Конечно это могли сделать кроты внутри организации, но зачем!? Кроты обычно воруют и не оставляют следов. Тем более на русском, находясь на англо-язычном сервере! Версия об отмороженно - гениальном подростке тоже как-то не выглядит правдоподобной. Тот бы поместил что-нибудь соответствующее стадии его гормонального развития. Ну не такое заумное как это чтиво - это уж точно. Но если поддаться соблазну безумия и предположить что файл попал туда каким-то "мистическим" (воротит от этого слова, но другого просто не могу подобрать) образом, то вопрос "зачем" остается. Как-то само-собой складывается ответ: послание, предупреждение, что-то в этом роде. Хорошо что я успел скачать, теперь могу читать распечатку, может что-то прояснится, надо просто дочитать до конца...

С. И. Прокопенко

Раньше я думал это бывает только в кино. Пожилой маститый следователь собирается на заслуженный покой, когда ему вдруг всучивают мертвое дело, явный "висяк". Послужной список, репутация - всё под угрозой. В киношках, впрочем, герой как-то выкручивается и даже приумножает свою славу. Как выкручусь я из этого дела и выкручусь ли вообще - большой вопрос...

Начать с того, как секретное расследование американских правоохранителей стало известно некоему, скажем так, 'доброжелателю'? И как он умудрился доставить свою анонимку таким ехтравагантным способом?

И потом эти клиники... Вроде бы заявленные как для старых и ущербных, ан нет. Иначе как бы они попали на радар NSA? Причем просто о плохом обращении с пациентами речи не идет - тут бы дело ограничилось полицией / прокурором. Доклад NSA утверждает, что, по их подозрению, в сети этих клиник проводились исследования, связанные с влиянием галлюциногенных и других наркотических препаратов на "психоделическое состояние" пациентов. А также использование новейших кибер-технологий, направленных на это самое состояние.

Доклад также утверждает, что в своих рапортах администрация клиник отмечала значительное улучшение ментального состояния пациентов в результате этого, так сказать, лечения. За что, естественно, вся сеть получала жирные правительственные гранты. Началось с того, что NSA получила сигнал от группы агентов ФБР проводивших проверку/расследование этой сети по поводу возможной фальсификации рапортов с целью выудить незаконное финансирование из правительственных фондов. К удивлению ФБР, улучшения действительно имели место быть.

Тем не менее, "осадочек" у них остался.

Уж больно заученными были ответы "излечившихся", и это при полном отсутствии какого- либо выражения в глазах. Сравнение с роботами напрашивалось само собой.

Так вот, наводку об этой психо/галлюценогено/наркотическо/компьютерной дури дал этот самый пресловутый таинственный PDF файл. Там говорится о некоем НИИ где проводилось нечто подобное. Только название было другим - "мистический опыт" вместо "психоделического состояния".

Тут и начинается это гребанное мракобесие. Во всяком случае, для меня, привыкшего работать с фактами и, так сказать, вполне "мирской" мотивацией наших клиентов - кибер-мошенников, это все - форменное мракобесие. Особенно если учесть мое совковое атеистическое воспитание.

Я знаю, многие в наши дни помешаны на этой самой "мистике". Пока меня это не касалось, я мало обращал внимания на это сумасшествие. И вот теперь - извольте...

Но если попытаться выделить в этой истории "рациональную" составляющую, один факт представляется несомненным. Последнее что волновало NSA — это состояние пациентов или их возможный "abuse". Методы манипуляции сознанием — вот это дорого стоит. Исследования по этой части велись и будут продолжаться. Но видимо был какой-то элемент новизны во всей этой упомянутой методологии, заставший Агентство и всю Администрацию врасплох. Да так, что они бросились за помощью, и не к кому ни-будь, а к нам! Первое что их интересовало — это любые справки, ссылки, упоминания о некоем Институте "Нейромнемоники". Это тот самый НИИ из того самого PDF файла. В запросе также упоминался некий беглый олигарх, когда-то не поладивший с режимом и попросивший убежища в США. Причем непонятно — это реальное лицо или персонаж того же PDF-романа, так как имя олигарха не указывается.

Короче, я поручил Юре Сандальскому копнуть это "произведение" и найти хоть какие-то концы, за которые можно зацепиться. Может быть, что-нибудь прояснится...

Из беседы федерального агента Билла Гладстона с Советником Президента по Национальной безопасности (Перевод не адаптирован)

БГ: Благодарю вас, сэр, за то что нашли время выслушать меня.

Советник: К черту формальности Билл, у нас мало времени. Что там у тебя? (В оригинале: "What's up?"). ...А ну да, эти Нью-Йоркские клиники... надеюсь, что не манипуляциями с медицинскими страховками ты решил меня сегодня позабавить?

БГ: (со смешком): О нет сэр, эта тема уже давно не оригинальна... Кстати, эта сеть - "NeuronCell" - не имеет ни какой подпитки от страховиков. Все идет или из правительственных грантов, или от университетов. Они настаивают, что являются чисто научным учреждением, применяющим свои разработки в медицинской сфере. Причем все методы завизированы FDA - мы проверяли.

Советник: Тогда в чем же их грех?

БГ: Грех или нет, сэр, но при тестировании пациентов выявились некоторые аномалии, которые вызвали... можно сказать удивление по меньшей мере, или даже подозрения.

Советник: Например?

БГ: Начать хотя бы с того что поведение проверяемых во время опросов выглядело несколько... как бы сказать... находящимся под влиянием извне. Первый раз это было замечено, когда все пациенты, опрашиваемые в одно и тоже время, вдруг внезапно замолчали. А потом заговорили вновь. Позже выяснилось, что примерно в то же время имел место непредсказуемый срыв их майнфрэйма (по их версии, жесткий диск был переполнен - ничего необычного, случается довольно часто). Это привело к блокировке значительной части компьютерной сети, обслуживающей NeuronCell.

Советник: И вы, ребята, полностью исключаете возможность того, что это могла быть простая случайность?

БГ: Если бы имел место только этот факт, я ни за что бы не осмелился просить вашей аудиенции, сэр. Дело в том что при проверке проявились совершенно неожиданные побочные эффекты. Это "зомбированное" поведение стали демонстрировать пациенты, которые не были подвергнуты этому лечению. Более того, определенного рода расстройства появились у обслуживающего персонала! Последней каплей стало то что один из наших агентов впал в транс - в буквальном смысле слова. Всего лишь на несколько минут - но сам факт!

Советник: То есть он сейчас в порядке?

БГ: Он в порядке, говорит что видел какие-то вещи которые его поразили, но при пробуждении не мог ни черта вспомнить. Как будто отрезало.

Короче, если суммировать, можно говорить о неконтролируемом распространении... чего-то...

Советник: Только не говори мне что мы но пороге очередного вирусного кризиса.

БГ: Да не похоже это на вирус... Скорее что-то вроде поля... Мы спрашивали экспертов - пока ответа нет. Потом вспомнили про этот русский файл, обнаруженный пару месяцев назад, там есть какие-то намеки на нечто подобное. Сдается мне, сэр, что в конечном итоге придется обратится к русским, как бы нам это не претило. Я вот подумал, может быть Президент сделал бы какой-то неформальный запрос?

Советник: Ты что всерьез думаешь что я вывалю всю эту херню на голову Президенту? Сейчас? Когда мы все кровью харкаем пытаясь дипломатически предотвратить вторжение в Украину?!

(После минутного размышления). Тут надо продумать как-бы половчее сварганить такой запрос... чтобы мы не выглядели как идиоты... что в общем не такая простая задача если учесть наше полное неведение во всей это заварухе...

Юрий Сандальский

Продолжаю конспектировать "опус" - так я его назвал. Может быть не очень точно, но зато кратко, во в всяком случае короче чем "произведение". Стараюсь выжать самую суть, иногда вставляя оригинальный текст, так сказать "прямую речь" автора. Вот что я накропал на данный момент:

Основные действующие лица:

Кирилл Андреевич Кратов — Директор Института Нейромнемоники (ИНМ) АН СССР (позднее России).

Лина Аркадьевна Кратова (в дев. Подольская) — первая жена К. А. Кратова

Кира Владимировна Кратова (в дев. Одинцова) — вторая жена К. А. Кратова

Арсений (Сева) Кириллович Кратов — сын К. А. Кратова от первого брака

Сергей Кириллович Кратов — сын К. А. Кратова от второго брака

Геннадий Павлович Круглик — Вице-директор ИНМ по связям с общественностью

Фрэнк Карлайл — Вице-президент корпорации «BrainCell» (США) по НИОКР

Краткое Содержание.

Апрель – Май 1957

Молодой обещающий нейрофизик Кирилл Кратов женится на начинающей актрисе

ТЮЗа Лине Подольской

Март 1958

В семье Кратовых рождается сын Арсений. Имя было выбрано в честь любимого поэта Лины – А. Тарковского. Молодому отцу имя сразу не понравилось («Арсений!? А почему, например не Алюминий? Во всяком случае не токсичен!» - намекая на «мышьяковую» сущность обитателя периодической таблицы Арсения. Типичный для тех лет пример несовместимости между физиками и лириками: она ему про поэта, а он ей пор мышьяк!). Согласились на том, что устно ребенка будут называть Сева (более близко звучный Сеня почему-то как-то сразу отпал), несмотря на то что он никакой не Всеволод.

Май 1958

Брак Лины и Кирилла распадается несмотря на «сумасшедшую» любовь в начале.

Вероятно, последней каплей в этом "конфликте физиков и лириков" стало нижеприведенное стихотворение Лины, которое она назвала "Подражание Цветаевой":

Я сошла на бережок
С лепестковой лодочки,
Мой таинственный дружок
Уже дымил на корточках.

Я опять пустилась вплавь
Что б успеть хоть к ужину,
Не поняв, не разобрав
Так ли уж он нужен мне.

Вечерок прошел на "пять"
За фасадом каменным.
Я устала повторять
Ухажерам пламенным:

Погодите, дайте срок,
Не гоните с выбором...
Ведь не скажешь
Что дружок ночью ждет за выгоном...

Может сбудется денек -
Перестану маяться:
Мой несбывшийся дружок
выйдет и объявится.

Сейчас трудно утверждать, что возмутило Кирилла больше: намек на некоего эфемерного "дружка" или возмутительно легковесный стиль. Или может быть непонимание Линой того простого факта, что замужней женщине пристало иметь более насущный настрой мыслей.

Одновременно развивается роман К. Кратова с аспиранткой Кирой Одинцовой.

Июль 1958

Кирилл и Кира сочетаются браком

Апрель 1959

У Киры и Кирилла рождается сын Сергей.

Все последующие годы Кира принимает близкое участие в судьбе Арсения – сына мужа от первого брака. Возможно, поэтому Сергей и Арсений становятся очень близки несмотря на полную несопоставимость натур. В этом странном «союзе противоположностей» Сергею достается роль опекуна и защитника несмотря на то, что он младше. Арсений тем не менее остается своего рода «гуру» для младшего брата.

Годы 1960 – 1983

Становление и развитие Арсения и Кирилла, а также стремительный карьерный рост их отца: он становится директором ИМН. В институте появляется Геннадий Павлович Круглик – особа, весьма примечательная. Номенклатурная фигура, он попадает в ИМН с подачи райкома как освобожденный секретарь ВЛКСМ, затем по достижении возраста, «плавно» «избирается» освобожденным же председателем профсоюза

Сергей уверенно идет по стопам отца: заканчивает физфак МГУ, становится аспирантом ИМН.

Арсений мечется: поступает на юрфак, затем переводится на журфак с потерей года, по окончании работает в районной малотиражке. Тогда же начинает проявляться его интерес к мистике, что в последствии приведет к занятиям Каббалой.

Годы 1983 – 1986

Жизнь продолжается. Сергей защищает кандидатскую, становится завлабом. Основная тема – моделирование процессов мыслительной и творческой деятельности мозга. Тема по основным аспектам секретная, находится под «колпаком» МО и КГБ.

В 1984 году Сергей женится на бывшей однокурснице Рите Гладченко.

Арсений продолжает вести полубогемную жизнь: печатается в различных изданиях, пытается публиковать книгу очерков, встречается со всевозможными людьми. На одной из тусовок знакомится с Григорием Лозинским – неформальным лидером группы «лиц еврейской национальности» изучающих иврит с целью эмиграции – понятно куда. Не в Америку, куда в то время уже ехали многие, а именно «туда». Григорий (впоследствии рав Герш Элиезер), видя склонность Арсения к мистике, знакомит последнего с концепцией Каббалы, а также дает ему материалы по основной технике медитации.

Г. П. Круглик получает новую, только что придуманную должность – замдиректора по связям с общественностью. На одной из формальных международных тусовок – симпозиумов он знакомится с Фрэнком Карлайлом – научным боссом корпорации «BrainCell» - своего рода американского аналога ИНМ. Между двумя выше обозначенными тузами по идее не должно было быть ничего общего, по крайней мере согласно популярному тогда плакатному мотто: «Два Мира – две Системы». Жизнь, однако, не всегда вписывается в рамки представлений даже самого проницательного инструктора Идеологического Отдела ЦК. Несмотря на довольно сбивчивый английский Геннадия Павловича, два прожженных деятеля находят массу взаимо-интересующих тем, находящихся далеко за пределами текущего симпозиума. Возникает не то чтобы дружба – оба слишком циничны для этого – но некое чувство совместимости и даже какой-то взаимной нужности. Причем для какой цели эта «нужность» должна была проявится – оставалось за пределами осознания обоих.

И так бы и остаться этой эфемерной нити на уровне Подсознательного если бы не последующие события, которые перекроили карту мира и перевернули судьбы как целых народов, так и их отдельных представителей…

Федеральный агент Билл Гладстон

Смешно сказать, но если бы не случайность, я бы не попал в это расследование. Один из ребят нашей группы сильно простудился - все конечно заподозрили COVID. Оказалось, парень просто попал в сильный шторм во время рыбалки в открытом море и промок до нитки. Но на то время, которое потребовалось чтобы получить результаты теста (отрицательного) ему пришлось само изолироваться, а мне его заменить в этом деле, которое на первый взгляд казалось вполне заурядным.

Однако по мере ознакомления стали проявляться белые пятна. Все началось с сигналов от родственников пациентов некой лечебной сети для лиц с психологическими расстройствами. Первый вопрос напрашивался сам собой - как такое тривиальное дело попало к нам? На это я получил формальную отговорку от босса - дескать поскольку сеть расположена в нескольких штатах, дело требует координации на федеральном уровне, а посему нам с ним и париться. Я, конечно, проглотил это "объяснение" не поморщившись. На деле же я прекрасно знал, что в наше продвинутое время полиция штатов имеет достаточно средств в своем распоряжении чтобы обмениваться информацией и координировать все между собой, не вовлекая при этом ФБР. То есть вполне вероятно, что какие-то кукловоды на самом верху имеют какой-то бубновый интерес во всем этом. Поэтому и пихнули дело к нам. За время работы в Бюро я выработал безошибочный нюх на все что связано с "политикой". То есть, когда большие шишки (в оригинале "top brass") заинтересованы в том или ином исходе дела. Как любой оперативник, терпеть не могу, когда такое случается. Тебе начинают назойливо намекать, кто, по всей вероятности, убил/украл/посягнул на государственные интересы. И в каком направлении ты должен это дело вести. Приходится метаться между естественным желанием узнать что-же случилось в действительности и не менее естественным желанием прикрыть свою задницу в случае, если твои "раскопки" не совпадают с версией "советчиков".

Еще одна странность - характер самих жалоб. Естественно ожидаемых упоминаний о плохом обращении или ухудшения состояния и в помине не было. Напротив, отмечалось некоторое улучшение когнитивных функций больных. Что же вызвало смятение родственников? Общим лейтмотивом можно было назвать утверждение что близкие люди как-то кардинально изменились. Одна женщина даже утверждала, что ее отца - пациента с умеренной формой депрессии - подменили. Это конечно было сильным преувеличением, но изменение характера, взглядов, кредо - если можно использовать подобные определения по отношению к психически больным людям - отмечалось во всех жалобах.

Но все это никак не тянуло на достаточное основание (в оригинале "Probable Cause") даже чтобы начать официальное расследование. Пришлось для начала запросить о неофициальной встрече с представителями "NeuronCell " - так эта малопонятная структура именовала себя. Нас встретил персонал т.н. отделения не-интрузивной терапии (в оригинале: Non-Intrusive Therapy unit или просто: NITE)

Беседа длилась минут 20, ничего толком узнать не удалось, единственное что удалось добиться — это разрешение побеседовать с пациентами. Вот тут-то вся эта психо - фантасмагория (за неимением более подходящего эпитета) и стала проявляться в полной мере.

Нужно отметить, что администрация охотно разрешила контакт с пациентами - очевидно они гордились результатами и стремились их продемонстрировать. Мы начали с женщины, которая, среди прочего, потеряла способность членораздельно говорить после перенесенной автомобильной аварии. ("Мы" — это я и независимый психолог Роберт Бинли или просто Боб, как он просил себя называть.) После нескольких стандартных вопросов с нашей стороны и ответов пациентки (достаточно четких если учесть ее первоначальное состояние), роли как-то поменялись. Незаметно для нас, мы оказались в роли интервьюируемых, в то время как вопросы задавала она. Причем с нашей стороны даже не было позыва вежливо вякнуть что-то вроде: "Простите, но вопросы здесь задаем мы". Позже Боб долго чесал репу пытаясь определить то наше состояние с точки зрения психологической науки, но так ничего подходящего не нашел. Меня же заинтересовали гораздо более конкретные вещи - например характер вопросов, которые нам задавала Дана - так звали пациентку. Все сводилось к одному понятию - сочувствие (в оригинале - empathy). Насколько сильно мы сопереживаем, когда близкие или незнакомые люди страдают, были ли у нас случаи, когда мы плохо обращались с животными в том числе и в детском возрасте. А также наше отношение к расовым меньшинствам. Меня, как чернокожего, выросшего в Бронксе, это даже немного позабавило. По-моему, ей было вообще до лампочки кто перед ней сидит. Мы, конечно, чуть-ли не в один голос пробубнили какую-то политкорректную муру.

Были опрошены и другие пациенты. Эти интервью прошли в более-менее стандартном стиле; с моей точки зрения не к чему было придраться - ответы следовали мгновенно и, хотя не все были абсолютно точными, значительных отклонений от здравого смысла я лично не заметил.

Иное дело Боб.

Он безапелляционно констатировал т.н. "Уплощённый аффект" (в оригинале - "Reduced affect display").

То есть, на научном сленге:

"Расстройство аффективной сферы, ограниченность в выражении эмоций, их слабая выразительная интенсивность. Характеризуется слабостью эмоциональных реакций, низкой выразительностью жестикуляции и мимики, модуляции голоса и позы, слабой контактностью во взгляде, и в целом оскудением внешних эмоций."

То есть с одной стороны - достаточно вразумительные ответы, с другой - полная отрешенность интервьюируемых.

Уже не помню кому первому пришло в голову это сравнение: зомби.

Имелись в виду, конечно, не голливудские уроды с перекошенными физиономиями и идиотской походкой.

Речь шла о лицах чье сознание находится под контролем. Что порождает как минимум два вопроса: под чьим контролем? и с какой целью? На первый взгляд, ответы напрашивались сами собой: под контролем администрации с целью рекламы и получения грантов.

Однако было там что-то еще - я слишком тертый калач что бы такое не заметить.

Была там какая-то дополнительная подоплека - затрудняюсь даже найти точное определение - "идеологическая" что ли.

Ощущение что кто-то проталкивал какую-то свою линию (в оригинале: "pushed his/her agenda"). Навязывал пациентам свое представление о плохом/хорошем. Ведь, по сути, вся эта каша заварилась из-за жалоб на изменение характера.

И после увиденного, можно было с достаточной степенью вероятности заявить: модификацию характера.

Выслушав мой доклад, шеф долго молчал, смотрел куда-то в сторону, как бы размышляя стоит ли доверить мне некий секрет. Потом, с трудом подбирая слова, выдавил из себя нечто такое что я ушам своим не поверил.

То есть про NSA и этот пресловутый PDF файл.

Оказывается, Агентство, после шока вызванного успехом этой, можно сказать, хакерской атаки на свою "супер защищенную" сеть, стала искать хоть какие-то концы за которые можно было бы зацепиться. В частности, стали просеивать все шараги хоть как-то напоминающие или соответствующие по профилю этой самой "BrainCell", т.е. той самой организации упомянутой в файле.

Искать долго не пришлось: NeuroCell и его наиболее продвинутое подразделение – NITE - были под уже "колпаком" Агентства почти год.

Шеф не сказал почему и я решил не спрашивать - уж слишком неохотно он делился со мной всей этой информацией

По-видимому, он пытался просветить меня по принципу необходимости (В оригинале: "Need to know basis"). И никак не мог определиться, где же должна проходить граница этой моей осведомленности.

Был там еще один след, можно сказать довольно жирный, что дало еще один повод обратить внимание именно на NeuroCell.

Вся структура была основана и построена на средства (?) одного беглого российского нувориша, когда-то попавшего в опалу и осевшего в Штатах - по имени... *Круглофф* или что-то в этом роде. Пикантность этому обстоятельству придавал тот факт, что все попытки

Агентства найти его ни к чему не провели. Чувак (в оригинале "The dude") просто растворился месяца за два до того, когда вся эта каша заварилась. Как его личное кредо (если он имел таковое) повлияло на направление и приоритеты NeuroCell - оставалось неизвестным.

Для NSA, было конечно не с руки заниматься этим делом напрямую - иначе пришлось бы придать гласности этот унизительный прокол в кибер - безопасности. Так что дело сварганили так что оно попало к нам в ФБР.

И жалобы близких пациентов, на которые, при других обстоятельствах, никто бы и внимания не обратил, - стали для этого отличным поводом.

Хорошо, сказал я шефу, но моя-то роль здесь какая? Служить фасадом для NSA?

Фасадом? - переспросил шеф - Хм... может быть и фасадом тоже... Но это далеко не все.

Короче, моя задача сводилась к тому, чтобы скоординировать все следственные мероприятия по этому делу. NSA собиралось нагнать туда толпу своих экспертов - включая парапсихологов - разумеется под эгидой ФБР. По этой причине Бюро хотело знать все подробности. Если все это получит огласку (в оригинале: "Shit hits the fan"), они хотя бы будут знать, как реагировать.

Для начала необходимо было получить разрешение от NeuroCell на проведение такой проверки. Надежды, что какой-нибудь прокурор выдаст нам ордер на это, не было никакой. Пришлось пойти на шантаж, угрожая организовать утечку в прессу - негативной огласки они боялись больше всего. Согласились на том, что людей они допустят, но без какой бы то ни было аппаратуры кроме личных лэптопов. Никакой мобильной связи, и ограниченный, "гостевой" выход в Интернет через ихний Wi-Fi.

Как нам передали, это были условия, на которых настаивал др. Кернер.

Надо сказать, что имя это, судя по тому с каким трепетом его произносили, вызывало ощущение какого-то преклонения, далеко выходящего за рамки обычной субординации. Казалось, что любой сотрудник, после произнесения "Доктор Кернер" мысленно говорил: "Да будет благословенно имя Его!"

В последствии, впрочем, оказалось не "Его" а "Её": Доктор Мелисса Кернер - Медицинский Директор отделения не-интрузивной терапии, т. е. NITE.

При знакомстве мы ничего необычного не заметили. Был какой-то совместный митинг, она зашла на минуту, нас представили, потом она, извинившись и сославшись на другие срочные дела, удалилась. При первом рассмотрении - типичная представительница деловой элиты: строгий костюм, очки, за которыми ничего нельзя прочитать кроме формальной вежливости во взгляде...

Но это только при первом рассмотрении.

Сам по себе факт её такого "обожествления" персоналом вызывал естественное любопытство. Все в один голос превозносили её профессионализм, а также её отзывчивость и человечность. "Все" - я имею в виду как продвинутых докторов отделения (обладающих вполне здоровым цинизмом, свойственным образованным классам) так и рядовой народ - техники, сиделки, даже охрана...

Юрий Сандальский

Привожу этот отрывок из "опуса" без сокращений, просто не могу себе представить как такое вообще можно, так сказать, "запротоколить".

Годы 1986 – 1991

Большие перемены застают людей в различных статусах своего существования и поэтому заставляют этих самых людей реагировать по-разному. Неудачники злорадствуют, дескать пропади оно все, мне терять нечего. Преуспевшие же, опасающиеся передела власти, лихорадочно ищут, как говорят американцы, «план Би», то есть запасной вариант судьбы. Оптимисты и люди деятельные пытаются оценить новые возможности. Основная же толпа, как правило, ожидает Надвигающееся со стоическим обывательским фатализмом: а будь что будет.

Сева Кратов на перемены не реагировал никак.

То есть ему конечно импонировало то, что в прессе и на телевидении обсуждаются ранее запрещенные темы. Но темы эти давно были обсосаны на московских кухонных посиделках и привнести что-то новое в сознание Севы не могли. Успехи кооперативного движения (вернее сказать, отдельных кооператоров) не вызывали у него ни зависти, ни желания последовать примеру – по причине врожденного отсутствия какой бы то ни было меркантильной мотивации.

И вообще, сколько он себя помнил, что-то сидело в Севе такое что постоянно пыталось экранировать его от окружающего земного мира. Друзья сходились на том, что он «в принципе неплохой пацан, просто немного не от мира сего». Остальные (особенно женщины) считали его просто немного отмороженным.

И если была в этом хоть какая-то доля истины, то в данный момент эта отмороженность проявлялась наиболее наглядным образом.

Трудно было вообразить, что в обществе, гудящем как разбуженный муравейник, в этом накале страстей, в этом взлете надежд, в самом центре Москвы, нашелся индивидуум, посвящающий почти все свое свободное время бессмысленному неподвижному сидению на месте.

Ну просто какой-то ильфо-петровский господин, затянутый в черный смокинг и наводящий этим изумление на оголенных посетителей раскаленного пляжа!

С той лишь разницей что Севина одиозность проявлялась в полном одиночестве, которое, впрочем, являлось непременным условием того состояния, в которое он пытался себя погрузить,

Книжка, подаренная Гришкой Лозинским, овладела всеми его помыслами. С самых первых страниц концепция Кабалы приятно удивила чистотой своей абстрактности и какой-то научной стройностью. И вообще, идея Творца, который продумал и создал Всё, переворачивала все накопленное до этого разумение вещей. Не то что бы идея эта была совершенно нова

Севе, скорее наоборот. Но в этой книге она преподносилась во всей своей логической полноте и, что особенно важно, со многими практическими последствиями, которые вносили в эту абстрактнейшую из концепций почти физическую ощутимость.

В книге была масса полезных советов по технике медитации: как вводить себя в то или иное состояние, как двигаться от одного состояния к последующему и т. п.

Но одна фраза особенно поразила его. Он понял её сразу, без словаря, можно сказать, почувствовал нутром.

Оказывается, на определенном продвинутом этапе можно постичь «*inner essence of all things*».

То есть «внутреннюю суть всех вещей».

Вот он, тот смутный позыв, который подсознательно направлял все его стремления и действия. Тот тайный мотор, который двигал его от факультета к факультету, от одной области знаний к другой, от темы к теме.

Желание найти корень, некий общий знаменатель Всего.

Учителя, профессора, редакторы изданий, с которыми он сотрудничал или пытался сотрудничать — все считали эти его метания фатальной неспособностью сосредоточиться на чем-то одном.

Теперь настал его час доказать, что все их т. н. «специализации» - не более чем частные случаи одного большого Целого и это Целое каким-то образом доступно постижению.

Книга также содержала и другие сведения, которые было бы уместно знать пользователю. И не только знать, но и непременно иметь их ввиду во время упражнений.

Ну например:

«Существует негласный уговор между Б-гом и мистиком: последний не пытается объяснить увиденное с помощью земной логики, а Б-г взамен гарантирует ему безопасный возврат»

Или вот:

«...подобные путешествия чрезвычайно опасны если совершаются без руководства опытных инструкторов. Это может привести к потере памяти, разума и даже к преждевременной смерти.».

К слову сказать, причину для некоторой опаски могли бы вызвать не только цитаты из книги, но также факты из биографии самого автора, некоего Арье Блума.

Если представить на месте Севы человека дотошного и осмотрительного, то он вполне мог бы попытаться навести об авторе справки. И выяснил бы он нечто весьма любопытное.

Оказывается, этот самый Арье Блум умер, будучи 48 лет отроду.

Причем о какой-нибудь «тяжелой и продолжительной» болезни никакого упоминания нигде не было бы. Равно как и о каком-нибудь «нелепом» несчастном случае, вырвавшем, дескать, незабвенного г-на Блума из ихних рядов.

То есть вот жил-жил себе человек и в 48 лет умер.

И умер не где-нибудь в Восточном Тиморе или в Южном Судане, а в благополучной Америке, где средний мужской возраст чуть ли не под 80. В продвинутом Нью-Йорке, буквально напичканном суперсовременными медицинскими центрами.

Факт, надо признать, не очень вдохновляющий для тех, кто попытался бы следовать тропой данного автора.

Излишне упоминать, что биографией автора Сева не заинтересовался и справок никаких не наводил. Что же касается предостережений, изложенных в книге, Сева вроде бы озаботился вначале... Трудно сказать, почему впоследствии эта «техника безопасности» была проигнорирована. То ли Севина экзальтация была причиной, то ли просто подсознательное неверие в свою способность подняться по *32 Тропам Мудрости* на сколь-нибудь ощутимую высоту...

Министерство Иностранных Дел Российской Федерации.

Выписка из запроса на экстрадицию гражданина РФ, находящегося на территории иностранной юрисдикции. (США)

К сведению компетентных органов Российской Федерации поступила информация о том, что гражданин РФ Круглов Дмитрий Александрович находится в настоящее время в США, где он подал заявление на политическое убежище.

Целью данного запроса, среди прочего, является уведомление соответствующих инстанций Вашей страны о том, что г-н Круглов разыскивается Российскими правоохранительными органами в связи с инкриминируемыми ему серьезными <u>уголовными</u> преступлениями:

<u>Статья 199.2. УК РФ</u>: *Сокрытие денежных средств либо имущества организации или индивидуального предпринимателя, за счет которых должно производиться взыскание налогов, сборов, страховых взносов*

<u>Статья 172. УК РФ:</u> *Незаконная банковская деятельность*

<u>Статья 172.1. УК РФ:</u> *Фальсификация финансовых документов учета и отчетности финансовой организации*

<u>Статья 138.1. УК РФ:</u> *Незаконный оборот специальных технических средств, предназначенных для негласного получения информации*

Помимо этого, г-ну Круглову вменяется разглашение государственной тайны, которое потенциально может нанести значительный вред интересам безопасности РФ.

Утверждения о том, что г-н Круглов преследуется по политическим мотивам, <u>не соответствуют действительности.</u>

Таким, образом, не существует никаких препятствий для экстрадиции г-на Круглова из США в РФ - ни с точки зрения американских законов, ни с точки зрения моральных принципов Вашего государства.

Федеральный агент Билл Гладстон

Как сейчас помню до малейших подробностей тот день повторного "собеседования" с пациентами.

Толпа продвинутых парней из NSA заполнила значительную часть небольшой актового зала. Интервьюируемых вводили по одному и подсоединяли к полиграфу (в смысле к лэптопу с соответствующим софтом). Зачем этим ребятам из NSA - понадобился полиграф - сейчас толком никто объяснить не сможет.

Были какие-то разговоры о том, например, что ложь человека вызывает его эмоциональную реакцию, следовательно, сопровождается измеримыми психофизиологическими проявлениями. И тому подобные прописные истины. Какое это имело отношение к проверке состояния пациентов с умственными и психологическими расстройствами - осталось для меня загадкой. Впрочем, для администрации NITE — тоже. Видимо поэтому они в конце концов махнули рукой и согласились. Скорее всего, посчитали что это ничего не меняет.

Вот с полиграфа-то всё и началось.

Фоновые показатели (т.н. "полиграммы") были обычными. Катавасия начиналась когда задавались вопросы. Реакция опрашиваемых не подчинялась никаким законам физиологии или просто логики. Кривые скакали как бешенные, бросая вызов здравому смыслу, приводя операторов в полный ступор. Бедняги протирали датчики, перезапускали лэптоп несколько раз, даже переустановили с диска полиграфную программу. Безрезультатно.

Но тут случилось нечто такое что про полиграф все просто забыли.

Я сначала не понял, что происходит...

С торжественным видом (как бы говоря: "сюрприз, сюрприз!") входит доктор Кернер, ведя за собой какого-то хмыря в больничной пижаме. (Надо сказать, что все остальные опрашиваемые были в обычной одежде). Пижама, как и её носитель, впрочем, не вызвали никакого ажиотажа.

Опять же - с первого взгляда - не вызвали.

Руководитель (назовём его Рэймонд) NSA — бригады уже поворачивался в сторону одного из своих ребят, собираясь продолжить прерванный разговор, как вдруг внезапно застыл на полпути.

Как-бы пытаясь что-то вспомнить, сопоставить.

Затем резко поднявшись со стула, попросил позволения у др. Кернер чтобы её подопечный снял маску.

Но не дождавшись ответа, громогласно вопросил:

"**Мистер Круглов?!**"

Видно, узнал этого парня несмотря на то, что тот был в маске.

В помещении все как-то притихли.

Лучезарная улыбка др. Кернер была ответом. Пользуясь наступившей тишиной, она объявила:

"Дамы и господа, позвольте представить человека, который связан с нашей организацией, главной целью которой является помощь людям, так или иначе обделенным жизнью - не только как технологический гений, благодаря которому наша методология стала не только возможной, но также и эффективной.

Его вклад наше благородное дело (в оригинале: 'noble cause') заключается ещё и в том, что он сам - добровольно разумеется - одним из первых, вызвался испытать на себе благотворное влияние наших методов исцеления и облегчения страданий. В том государстве, из которого он прибыл, его унижали, подвергали остракизму, его преследовали, пытаясь обвинить его в деяниях которых он не совершал.

Прибыв сюда, он нашел приют, который долго искал. Наша неинтрузивная терапия возродила его жизненные силы, а также желание жить и работать. Его инновации помогли многократно улучшить качество наших методов лечения.

Дамы и господа, мистер Дмитрий Круглов - диссидент, инноватор, провидец (в оригинале: 'visionary')!"

Круглов снял маску и с места в карьер, деловым тоном объяснил, что проблемы с полиграфом вызваны неким, доселе неизвестным "медиумом", которым якобы заполнено помещение. На просьбу рассказать подробнее, ответил, что сейчас не время и не место обсуждать это явление.

Говорил он с заметным акцентом, но достаточно внятно и грамотно.

В ходе дальнейшего общения удалось выяснить нижеследующее.

Круглов укрылся в NITE, чтобы избежать экстрадиции и улучшить шансы на получение убежища. В обмен на место в этом "душевном санатории", он вынужден был рассказать о некоем сенсационном открытии, которое явилось результатом работы многих людей в течении десятилетий.

Эти работы начались еще в советское время и продолжались (уже без всякой правительственной поддержки, частным образом) в течении послесоветского периода.

Идея сводилась к тому, что если воздействовать на человеческий мозг комбинацией ионизирующего излучения и магнитного поля с определенной последовательностью частот, то возникает нечто, которое Круглов назвал эффектом "Обратной связи" ("Feedback effect" – определение, которое он дал на английском)

Все началось с изучения необъяснимых нервных срывов у одного из специалистов по элементарным частицам, работавшим на Серпуховском ускорителе. Срывы происходили только на работе, что давало повод подозревать перенапряжение, связанное с обстановкой на рабочем месте. Молодой, подающий надежды нейрофизиолог Дмитрий Круглов, обследовавший физика, как-то сразу отмел это как причину. Ввиду занятости пациента, первые обследования проводилось в его рабочем кабинете, уставленном всевозможными приборами, и Круглов, совершенно случайно, подметил любопытную закономерность. Энцефалограммы, описывающие деятельность мозга физика, находились в каком-то странном ритмическом соотношении с показаниями осциллографа, который показывал интенсивность фонового излучения альфа-частиц. Результаты дальнейших обследований, которые проводились уже в клинике Круглова, были полной противоположностью предыдущих показаний на рабочем месте - не было обнаружено никакой психологической патологии. Тем не менее, Круглов посчитал что инцидент с осциллографом скорее всего, случайное совпадение. Когда же он невзначай обмолвился об этом своему главврачу, тот как-то вскинулся и стал выспрашивать подробности.

Создавалось впечатление что босс уже слышал или знал о чем-то подобном.

Излишне упоминать что клиника эта была не простая. При приеме на работу Круглов подписал массу обязательств о неразглашении, его родословная была проверена, как говорят, до седьмого колена. Целое крыло вместительного здания было закрыто для штатных сотрудников; какие-то субъекты постоянно сновали туда и оттуда используя отдельный вход и отдельный подъезд для автомобилей. Именно обитатели этого таинственного крыла и стали плотно курировать процесс обследования злосчастного физика после разговора нашего героя с главврачом. Круглов получил пропуск, который позволял использовать ранее недоступный отдельный вход. В отведенной ему комнате он с удивлением обнаружил массу приборов, которые, за исключением энцефалографа, мало соответствовали предполагаемому медицинскому характеру помещения. Приборы эти были скрыты когда обследуемый находился в помещении, за ширмой бесшумно орудовали с военной сноровкой какие—то хваткие ребята.

Именно там, в этой комнате Круглов смог убедиться, что то соответствие, которое он обнаружил в кабинете физика, отнюдь не являлось случайностью.

Мозг входил в "диалог" с источником излучения. Т.е. начинал излучать электромагнитные сигналы в соответствии с последовательностью частот источника. Именно "в соответствии", а не копируя источник.

То есть, говоря простым языком, генерируя какой-то Ответ.

По словам Круглова, потребовались десятилетия чтобы хоть как-то приблизиться к расшифровке этого диалога. В его понимании, "расшифровка" означала конкретные команды, которые можно посылать в мозг и реакцию мозга на эти команды.

Естественно, опыты проводились на живых людях, но мы не стали затрагивать эту тему - просто не хотели спугнуть парня, да и какой смысл ковыряться в далеком прошлом?

Разумеется, каждый такой "ответ" ассоциировался с соответствующей эмоциональной реакцией индивидуума - выражением страха, удовольствия, недоумения и т. п.

При Советах разработка была, по вполне понятным причинам, засекречена и была включена в группу тем посвященную психологическим средствам воздействия, включая, конечно, и применение данных средств в условиях военных действий.

После распада СССР, тема была лишена правительственных источников финансирования, но Круглов каким-то образом сумел привлечь частные инвестиции ("Только Б-г знает, чего мне это стоило!" - по его словам) и продолжить работу.

Именно в этот период он заметил некое явление, которое он назвал Резонансом.

Нечто, не поддающееся законам логики - некая "трансцендентная" составляющая.

Определенная комбинация частот, подаваемого напряжения, а также определенное состояние испытуемого на момент начала опыта, вызывали эффект, который можно было бы назвать временным трансом, только трансом это не ограничивалось.

И вообще, назвать это трансом можно было только по причине отсутствия более подходящего термина.

Т. н. "ответы" представляли собой несусветную какофонию сигналов, не поддающуюся расшифровке.

Но вся штука была в том, что чувствовали испытуемые (уже добровольцы на тот период) - *после* транса. Воспоминаний не было никаких - полный провал в памяти, в отличие от других, так сказать, "нормальных" опытов. Имело место даже временная ограниченная амнезия: в течении нескольких часов они не могли вспомнить события последних дней. Затем начиналось странное: память возвращалась, а с ней проявлялось нечто такое что было трудно объяснить или даже описать. Прежде всего, Резонанс обнаружился всего у 4х добровольцев. Видимо их психологический профиль находился в каком-то соответствии с тем, что вызывало Резонанс, хотя Круглов нашел затруднительным точно указать что же общего было у этих индивидуумов. Так или иначе, все четверо, независимо друг от друга, описывали примерно одно и тоже видение.

Безбрежный люминесцирующий океан и черное небо над ним.

На некотором расстоянии от наблюдателя, поднимался до самых небес колоссальный столп неяркого голубоватого, со стальным, оттенком света.

По форме колонна напоминала атомный гриб, впрочем, без всякого намека на взрыв. Один из 4х, видимо каким-то боком имевший отношение к точным наукам, заявил, что она представляла собой почти совершенный геликоид вращения, что в общем не противоречило показаниям остальных.

Но самым поразительным было то, что происходило внутри столпа.

Восходящие потоки различных оттенков устремлялись от поверхности океана к сужающейся середине, которая постоянно пульсировала, напоминая гигантский дроссель, где потоки фильтровались, сортировались или каким-то другим способом обрабатывались.

От середины, вверх к небу, "проскочившие" дроссель потоки вырывались с какой-то исступленной одержимостью, напоминая пловцов, каким-то чудом сумевших выгрести из некоего губительного омута.

При этом наблюдатели испытывали острое чувство сопереживания. Отчаяние сменялось надеждой, чувство обреченности - радостью освобождения, затем это все повторялось в совершенно произвольной последовательности. Чьи-то заботы, тревоги, чьи-то праздники, будни мелькали перед мысленным взором и мгновенно исчезали, не оставляя никаких отпечатков в памяти... Испытав Видение, все четверо - одна женщина и трое мужчин - категорически отказались продолжать эксперименты и попросили больше не звонить. Никакие увещевания и посулы не смогли повлиять на эти решения. Впоследствии Круглов потерял все их следы.

Потом для клиники нашего героя начались неприятности - "наезды" налоговой полиции, инспекции Минздрава, санкции местных органов, результатом которых стало уголовное дело по 4 пунктам обвинения.

Было ли это всё хоть каким-то образом связано с Резонансом - оставалось неизвестным.

Круглову ничего не оставалось как свалить в Штаты, используя связи инвесторов, что он и сделал, прихватив с собой всё своё now-how в виде приборов, компьютеров, дисков и т.д.

Это все, что он поведал во время нашей первой встречи... Затем последовала экспериментальная попытка выявить наличие Резонанса у одного из наших парней (который вызвался добровольно). Чем это закончилось, я доложил Советнику во время нашей с ним встрече, которая состоялась по моей просьбе.

Юрий Сандальский

Наконец, набрел в "Опусе" на некую отдушину, так сказать "лирическую" составляющую. Привожу целиком, без сокращений.

Год 1991
Многолюдная площадь рутинно несла на себе привычный для нее поток двуногих особей, в основном трудящийся люд, спешащий домой чтобы забыться от заморочек рабочего дня.

Потом что-то произошло - какой-то сдвиг во времени, пространстве или где-то там ещё...

Он почувствовал это за несколько мгновений до того, как заметил впереди себя, среди колышущей массы, тонкую нежную шею и копну каштановых волос. Этот образ не давал ему покоя с тех пор как он увидел Её впервые на тусовке по поводу проводов Лозинского. Она была в обществе какого-то благообразного высокого аспиранта, чем-то напоминающего Де Голля времен Второй Мировой, только без галифе. Их бегло представили, на этом, впрочем, их общение на тот день и ограничилось.

С первого рассмотрения они казались типичной влюбленной парочкой. Аспирант смотрел на неё взглядом полным откровенного обожания, она, впрочем, отвечала своему спутнику улыбкой в которой чувствовалось больше благодарности и смущения чем истинной страсти. Несмотря на свою врожденную оторванность от жизни, он безошибочно определил причину этого смущения.

Она не могла ответить аспиранту взаимностью.

Он удивился тому облегчению, которое он ощутил, осознав этот факт. Хотя каким образом это улучшало *его* шансы, оставалось неясным…

Набравшись духа, он приблизился, раздвигая толпу, поздоровался, напомнил о себе.

"Я помню", промолвила Она, не меняя темпа движения, только скосив на него серо-зеленые глаза.

Лихорадочно подбирая хоть какую-нибудь тему, чтобы избежать продолжительное молчание, он заговорил о Лозинском, "каким он парнем был" и всё такое… Затем разговор благополучно перескочил на другие темы, тем временем они приблизились ко входу в подземку.

"Последний раз, когда мы виделись, вы жили в районе Мытищ", заметила Она, видя что он собирается следовать Её маршрутом.

Он пробормотал что невнятное про ремонт и "временную передислокацию" к другу который, дескать, "по счастливой случайности" живет на Юго-Западе. Ей, видимо, ничего иного не оставалось как сделать вид что она поверила…

Уже в вагоне, вдохновленный неожиданным фактом, что Она *действительно* помнила о нём, он осмелел, заговорил о работе в изданиях, прихвастнул своими недавними успехами в теннисе.

"Ну просто идеал какой-то", сказала Она с легкой улыбкой - "преуспевающий журналист, спортсмен, и, судя по отсутствию запаха табака и перегара, некурящий и не пьющий."

Тут он решил, что настало время брать быка за рога.

"Но есть у меня одна слабость…"

"Какая же?"

"Шатенки с серо-изумрудными глазами".

По его мнению, это была наиболее удачная фраза, которую он когда-либо сказал женщине.

"Ну да", насмешливо произнесла Она, "а также темноглазые брюнетки или голубоглазые блондинки - в зависимости от обстоятельств".

От огорчения что номер не прошёл, он, неожиданно для самого себя, перешёл на "ты".

"К чему такой цинизм? Я понимаю, мы едва знакомы, но неужели ты представляешь меня каким-то пошлым ловеласом?"

"Я не знаю, как тебя представлять", спокойно ответила Она, тоже переходя на "ты". "По этой самой причине: мы едва знакомы".

"И тем не менее, я вряд ли произвожу впечатление покорителя дамских сердец".

Внезапно её глаза подернулись поволокой, каким-то особенным тоном он произнесла:

"Позволь *мне* судить - производишь ты такое впечатление или нет".

Забегая вперед, за всё время их знакомства, он так и не мог привыкнуть к этим Её внезапным переходам он холодной отчуждённости к томной чувственности.

Но в тот момент он на несколько мгновений потерял дар речи. Просто не знал, что ответить.

Затем, очнувшись, он спросил, не будет ли у неё время и желания посетить какое-нибудь культурное мероприятие, ну например - первое что пришло ему в голову - концерт приезжей рок – группы. На тот момент он понятия не имел где и как он достанет билеты.

Она уклончиво сослалась на занятость, не сказав, впрочем, "нет".

Затем в разговоре был упомянут Роберт - так звали аспиранта. Выяснилось, что они знают друг друга с детства, семьи дружат, общая компания и т. д.

Он прямо спросил о характере их отношений.

Она как-то замялась, потупилась, пытаясь подобрать слова. Затем вымолвила: "Это сложно..."

"Ничего, я пойму, у меня курс психологии за плечами".

Она вздохнула. "Ну хорошо, на какое число этот концерт?"

Видимо, их с Робертом отношения не были вполне ясны ей самой, и разговор об этом не вызывал у неё энтузиазма.

И до такой степени не вызывал, что она, ради перемены темы, согласилась на свидание с малознакомым человеком...

Др. Мелисса Кернер

Если существуют люди, которые по каким-то причинам не могут себя устроить в обществе, то задача общества помочь им в этом. Общество, неспособное помочь своим "отстающим" членам, является больным. Все утверждения о том, что эти люди "должны помочь себе сами", представляют собой неуместную отговорку, предлог для того, чтобы ничего не предпринимать для решения проблемы.

Этот простой постулат лег в основание всей философии NITE.

Когда руководство "NeuronCell" предложила мне возглавить новое отделение, я сразу ознакомила их со своим кредо и прямо заявила что буду действовать соответственно. Было некоторое замешательство, вызванное непониманием того в какой степени прогрессивные идеи применимы в области психологии или психиатрии, но в целом это не повлияло на их решение одобрить мою кандидатуру.

А может быть и повлияло, но положительным образом: я полагаю, что в зале заседаний было достаточно много людей, разделяющих мои взгляды.

Честно говоря, в тот момент я сама слабо представляла каким образом можно воплотить идеи социальной справедливости в среде индивидуумов, так или иначе ущербных в умственном отношении. Потом навалились организационные заботы, связанные с сертификацией нового отделения на уровне штата и на федеральном уровне, многочисленные интервью по найму персонала и т.д.

Но постепенно картина стала проясняться.

Например, считается нечестным если школу в благополучном районе посещают только богатые сынки и дочки, а в менее счастливом районе (где как правило, обитают меньшинства) дети вынуждены довольствоваться посредственными условиями обучения.

Так почему же не применить аналогичный критерий в условиях клиники? Почему душевнобольные должны годы вариться в собственном соку, в то время как индивидуумы с легкими расстройствами должны наслаждаться курортными условиями за время своего недолгого пребывания?

Для меня ответ был очевиден.

Под моим руководством была произведена полная переоценка населения палат. Пациентов с "умеренными" проблемами перевели в палаты, где находились люди с серьезными, зачастую неизлечимыми заболеваниями. Освобождённые места в лёгких палатах, естественно, заняли тяжелобольные.

Все это, конечно, происходило на фоне яростных протестов со стороны консервативно настроенных докторов и родственников значительной части пациентов, в основном "умеренных".

Результаты удивили даже меня.

Темпы излечения и выписки "умеренных" возросли в несколько раз. Мои оппоненты среди персонала утверждали, что это результат моих "безумных" нововведений. Дескать люди просто отказываются лечиться в таких условиях.

Но даже они не посмели отрицать что выписываемые выглядели и чувствовали себя лучше.

Это, кстати, явилось результатом моей второй реформы. В каждой палате были установлены электронные табло объявлений (в оригинале 'Bulletin Boards'). Невозможно описать насколько эффективным оказалось их применение для общения с пациентами и направления их на, так сказать, "путь истинный". Любое сопротивление новым правилам освещалось на табло самым подробным образом; причём "обиженным" и их родственникам тоже предоставлялось возможность высказаться.

Но умелое балансирование между свободой слова и четкой ориентацией на достижение поставленной цели принесли свои плоды. Голоса жалобщиков, поначалу доминирующие дискурс, постепенно приелись аудитории. Люди все больше стали уделять внимание моим постам и постам моих подчиненных - единомышленников в которых с железной логикой доказывалась необходимость и справедливость проводимой политики. Эти "передовицы" - я думаю их можно так назвать если считать эти табло своего рода средствами массовой информации, пусть и в пределах отдельно взятой клиники - оказали живительное влияние на общее настроение и состояние аудитории. Это выявилось в результате последующих собеседований и наблюдений.

Эта победа настолько окрылила меня и моих сподвижников, что мы поверили что сможем, с таким же успехом, выполнить следующую стоящую перед нами задачу.

А именно: избавить клинику от консервативной скверны.

В течении короткого времени, все доктора, кредо которых отвергало наши взгляды, и даже те, которые не разделяли их, были, под разными предлогами, переведены в другие отделения или просто уволены.

В наступившей атмосфере всеобщего единодушия и понимания - это в равной мере касалось как персонала так и пациентов - дышать и работать стало намного легче.

Но природное стремление к совершенству, свойственное моей натуре, не позволяло мне расслабляться. Все время хотелось что-то улучшить, облегчить, усовершенствовать, ввести какие-то новшества.

Как раз в это время на горизонте замаячил этот Круглов со своим опытами в России. Его отчаянные попытки найти инвесторов привели к тому, что вопрос всплыл на одном из заседаний совета директоров "NeuronCell".

Меня спросили: имеет ли смысл.

Не знаю что меня толкнуло тогда, но я твердо сказала: "Безусловно".

Мой прогрессивный инстинкт не подвел меня и на этот раз.

В результате "NeuronCell" стал владельцем 30% акций лаборатории Круглова, и мы получили доступ к разработке уникальных технологий, которые потенциально могли перевернуть с ног на голову все наши представления о человеческой психике…

Дмитрий Круглов

В кошмарном сне не мог себе представить, что застряну в этой богадельне для дураков без всяких шансов вырваться в обозримом будущем. Эмиграционный адвокат твердит одно – "play along, play along" т.к. запрос на экстрадицию остается в силе, и единственный выход - усердно косить под душевнобольного и подыгрывать администрации, которая зачастую демонстрирует ненамного больше здравого смысла чем её умалишенные подопечные.

Взять хотя бы эту директоршу – Меллису.

Разговаривая с ней, испытываешь ощущение что общаешься с репродуктором, изрекающим набор каких-то заранее подготовленных штампов. Что-то вроде цитатника председателя Мао, который транслируют по радио.

Хотя хватка у нее, надо признать, просто железная.

К примеру, не успел я опомниться переступив порог клиники, как она сходу сделала меня, со всеми моими know-how, винтиком своей мозго-промывочной машины.

За всеми её трескучими фразами скрывался один лейтмотив: манипуляция.

Разумеется, это слово никогда вслух не произносилось, слава Б-гу, была масса заменителей: помощь, сострадание, желание облегчить и т.д.

Всё что от меня требовалось, это переналадить все алгоритмы, которые были направлены на чистое исследование психики, на то, чтобы *воздействовать* на это самую психику.

Я, в принципе, не против сострадания и всего такого... Но такими методами... Как-то неспокойно на душе становится.

Потому что проходили мы все это на нашей благословенной Родине. Чем это кончилось, мы все знаем.

Технология, конечно, не была такой продвинутой, но сама цель...

По идее, впрочем, я должен быть ей благодарен.

Это по наводке одного из её контактов в Москве, мне удалось вовремя собрать манатки, перевести активы в безопасное место и дать деру. Виза уже была открыта за несколько месяцев до этого - тоже благодаря ей.

Короче, если не бы Меллиса, я бы сейчас жевал пайку в Матроской тишине или в каком-нибудь другом аналогичном месте.

Так что единственным для меня выходом было включиться в эту её кампанию "to make the world a better place" — это её любимая фраза.

А я все не могу опомниться и прийти в себя... Что это такое случилось со мной?

Кто и зачем натравил на меня всю эту свору?

Именно в тот момент, когда я практически уже переступил Порог, за который никогда не ступала нога человечья? После почти двух десятилетий неимоверных усилий?

Был ли это Знак?

Трудно представить, что кто-то из смертных мог иметь какой-либо бубновый интерес во всём этом запределе.

Чем больше думаю об этом, тем больше чувствую, что еду мозгами...

Может здесь и в правду моё место - в этой психушке?

Юрий Сандальский

Продолжаю любовную тему - без сокращений. Подозреваю что эта линия может дать какие-то намеки на вопросы, которые меня интересуют.

Год 1991

Ценой значительных затрат - как финансовых, так и нервных - он все-таки достал эти самые билеты. Можно даже сказать, что ему повезло - перекупщики уже все распродали, на его удачу, одна пара изменила свои планы, и он "подхватил" их билеты в самый последний момент.

Концерт прошел, как и ожидалось, на "ура", он же ничего не мог толком вспомнить. Какие—то обрывки музыки и слов роились в голове, но это было чисто подсознательное запоминание.

Факт, что Она сидит рядом, занимал все его мысли. Он даже не решался делать слишком резкие движения, боясь вспугнуть это сновидение наяву.

Даже после концерта он чувствовал какое-то стеснение, был робок, можно сказать косноязычен - последнее редко с ним случалось.

Как ни странно, но это смущение не передалось Ей, скорее наоборот (он уже давно забросил эту идею - понять женскую ментальность).

Она полностью овладела разговором, ему оставалось только поддакивать. Стала рассказывать о себе — оказалось, что, несмотря на то что все зовут Её Лена - он не Елена, а *Леона* - в честь героического деда, который воевал в испанской провинции Леон в 1936 году. Странная идея называть детей географическими именами, не правда ли?

Он заметил, что в обществе, где девочек называли Сталинами и Пятилетками, *Леона* совсем не звучит одиозно.

Потом спохватился и добавил:

"И вообще, чудесное имя - Леона! Оригинально и звучит поэтично!"

Она понимающе улыбнулась: "Я тоже думаю, что это не самый худший вариант. Полагаю даже, что мне крупно повезло. В конце концов дед мог воевать в Гренаде, Кастилии или вообще в какой-нибудь там Гвадалахаре."

Он решил блеснуть эрудицией.

"Или например в Уэске, имя которой, согласно некоторым вариантам произношения, начинается с буквы 'Х'."

Она строго посмотрела на него, потом прыснула.

"О такой перспективе я даже не подумала... спасибо, после этого замечания я чувствую себя ещё более везучей!"

После этого он немного расслабился, разговор стал более обоюдным. Он стал расспрашивать; всё что касалось Её, вызывало жгучий интерес. Позже Она призналась, что никто никогда не слушал Её с таким напряженным вниманием.

Они не сразу осознали, что такси остановилось. Он возмущённо отверг её попытки разделить плату ("Ты все-таки потратился на билеты, и я полагаю, прилично потратился!"), расплатился с шофером. Стоя в полуосвещённой лестничной клетке, он снова потерял дар речи. Проклиная своё косноязычие, он просто взял Её руку и прижал к щеке.

Так они простояли несколько мгновений, не зная что сказать. Потом Она отняла руку, стала прощаться, поблагодарила за "дивный" вечер. Она уже стояла в проёме двери, когда он опомнился, спросил можно ли ещё увидеться. Она посмотрела ему в глаза, видимо, пытаясь подобрать подобающий ответ.

Потом тихо произнесла:

"Позвони когда будет время, Сева."

Ник Гладченко

Продолжаю читать. Все другие интересы, дела - побоку. Набрёл на интересное место - никакой мистики на этот раз: все очень даже по-земному. Немножко даже освежает. Ранние девяностые - передел бывшего государственного имущества: приватизация средств производства, банков, залежей, а также идей и разработок, включая секретные...

Круглик приватизирует ИНМ, получив контрольный пакет (80%). То есть становится владельцем всех идей и разработок, включая сверхсекретные.

Возникает мысль объединить усилия с «BrainCell» через Фрэнка. Фрэнк выражает интерес, но руководство «BrainCell» боится рисковать репутацией и вступать в связи с россиянами. В результате получается не легальное совместное предприятие как ожидалось в начале, а сговор 2х лиц с целью коммерциализации продукции ИНМ. Фрэнк, ознакомленный с секретами ИНМ, выбирает наиболее перспективные разработки, пытаясь дополнить их соответствующими работами «BrainCell», а также пробивает финансирование через американских инвесторов.

Круглик взамен продает ему 29% акций ИНМ из тех 80% которыми он владел, а также «организовывает» продажу Фрэнку 10% акций из тех 20% процентов, которыми владели остальные сотрудники. Итак, акции распределяются следующим образом:

Круглик – 51%

Фрэнк – 39%

Остальные – 10%

Темы включали в основном медицину и био-тек: внедрение новых методов лечения и диагностики аномалий мозга, лекарств, препаратов и т.д.

Одна тема, попавшаяся на глаза Фрэнку, сначала вызвала лишь недоумение в силу своей чрезмерной фантастичности. Но что-то все время заставляло его возвращаться к ней, пытаться как-то приспособить её к реальности. Уж больно сказочные перспективы вырисовывались.

Это была тема, над которой лаборатория Сергея работала без малого 20 лет.

Собственно, это была не одна тема, но целая группа тем.

Основной доминантой была идея интеграции головного мозга и основных элементов ЦНС с компьютером. Причем работы велись в обоих взаимно противоположных направлениях:

1. Оптимизация процессорной архитектуры, используя алгоритмы работы мозга

2. «Подсоединение» мозга к компьютеру с целью усиления возможностей первого.

А также с целью получения контроля над этим самым мозгом…

В конце концов он нашел время и попросил в своё распоряжение всю документацию.

Преодолевая трудности, вызванные неадекватностью перевода (что не удивительно, учитывая сложность текста), он выяснил для себя следующее

Опыты проводились сначала на мышах, но оказалось, что датчики недостаточно компактны, поэтому перешли на… кротов.

И не только в силу бо́льшего размера мозга последних.

Кроты, в силу своей природной слепоты, оказались прекрасным материалом для генерации визуальных образов и успешного исследования реакции животных на эти образы.

Что само по себе могло бы послужить отличным подспорьем в лечении людей с различными болезнями зрения.

Однако Фрэнк не нашел никаких упоминаний о применении вышеупомянутых результатов в практической медицине.

По всей вероятности тех, кто заказывал музыку в этом проекте, мало интересовали недуги простых смертных.

Вместо этого, была масса каких-то отчетов, таблиц, графиков, схематических карт мозга и пр. Как ему объяснили, это была попытка создать т. н. *n-мерный куб* зависимостей реакций от типов посылаемых сигналов, координат места мозга куда посылались сигналы и других факторов.

Одурев от всего этого, Фрэнк перескочил в самый конец, надеясь найти какое-то заключение, какие-то выводы.

То есть нечто, что помогло бы понять конечную цель, если вообще эта цель была когда-либо сформулирована.

Ничего подобного он не нашел, похоже, исследователи "стреляли наугад".

И попали туда, куда и не думали "целиться".

Определённые комбинации сигналов в определенные точки мозга вызывали... подавление т.н. "свободных радикалов" во всем организме.

То есть происходило резкое замедление процессов старения подопытных животных.

К открытию привел рутинный тест, который включили, можно сказать, в силу формальности, т.к. никто не ожидал никаких эффектов вне мозга или ЦНС.

Так что "самый конец" оказался совсем не концом, а, можно сказать своего рода началом. Потому как там была малозаметная ссылка на некий сайт на местном Интранете: *agasfer.inm*...

Федеральный агент Билл Гладстон

Несколько недель спустя моей беседы с Советником, меня вызвал шеф. На этот раз он был гораздо более расположен, даже весел.

Оказалось, что ловушка, разработанная NSA, сработала. Среди множества кибер-пройдох, посетивших подставной сервер, оказался один, так сказать, "любитель изящной словесности".

Русской словесности, то есть.

Его, естественно, мгновенно идентифицировали (наши тоже не лыком шиты!). Оказалось, парень управлял довольно продвинутой сетью, причем не было замечено каких-либо связей с правительством.

Парня удалось застать врасплох; он, видимо, не ожидал такого подвоха и не предпринял никаких мер предосторожности. Результатом явилось то, что зацепили не только его, а всю банду:

Винод Прасад - Джерси-Сити

Гюнтер (Геннадий) Шехтер - Дюссельдорф

Владимир Гендельман - Тель-Авив

Шринивас Редди - Чинай (Индия)

И наконец, сам босс — Ник Гладченко — Москва, РФ.

Где и как он нашел остальных - остается только строить предположения...

Но не это было главным на тот момент.

Русские были уязвлены тем, что этот Ник делал свое дело в течение стольких лет, а ФСБ не имела никакого понятия о существовании сети - и заинтересовались им всерьёз.

Им, а также всей этой историей, включая, конечно и нашего гения Круглова.

Русские стали задавать вопросы.

То есть наметились какие-то перспективы для сотрудничества.

"Тут важно не дать маху" - сказал шеф - "Выдавать информацию будем малыми дозами. Можно сказать по чайной ложке. И ни коем случае бесплатно. Они нам порцию, мы им - в ответ."

Первое что интересовало Русских, был Круглов, а также его аналог (как они считали) - персонаж PDF файла Г. П. Круглик.

Нашим ответом было то, что запрос об экстрадиции г-на Круглова не может быть удовлетворен на данный момент в связи с состоянием его здоровья. Т.е. то, что Русские прекрасно знали и без нас.

Затем последовал осторожный вопрос, который завуалировано намекал на деятельность и открытия Круглова.

Дескать, не связаны ли проблемы с его здоровьем с теми экспериментами, которые он осуществлял?

Мы ответили, что ничего не знаем о том, над чем К. работает, т.к. это является частным коммерческим секретом. Для того чтобы мы могли сделать официальный запрос соответствующим правительственным инстанциям о принуждении данной структуры - "BrainCell" - к сотрудничеству - нужны серьезные основания.

Затем, на более оптимистической ноте, добавили, что добиться сотрудничества с вышеупомянутой BrainCell было бы гораздо проще если мы располагали хоть какими-нибудь намёками на мотивы и способы "заброса" этого злополучного файла на сервер NSA.

Они ответили с юморком что правительственная бюрократия не является монополией США, то есть в России её тоже предостаточно.

"Что же касается файла, то это такая же загадка для нас, как и для наших американских партнеров. На данный момент, мы задействовали все доступные нам ресурсы чтобы выяснить все обстоятельства. Т.к работа находится в начальной стадии, мы не можем сообщить ничего ценного. Наши американские коллеги будут в курсе в случае, если мы будем располагать сколь-нибудь релевантной информацией".

Затем последовал совет серьёзно отнестись к недомоганию Круглова, т. к. есть все основания полагать что оно, возможно, вызвано характером его деятельности. Они, мол, располагают информацией (анонимной, как мы это поняли) что добровольцы, на которых производились эксперименты, тоже имели различного рода проблемы, в основном расстройства психики.

Однако, по их словам, найти кого-нибудь из этих подопытных кроликов (в оригинале "guinea pigs"), не удалось. По всей видимости, они находятся вне территории РФ.

И тут я у меня мелькнула шальная мысль: если нашелся доброжелатель, сообщивший в "органы" о состоянии здоровья "кроликов", то может быть этот самый доброжелатель и стоит за всеми несчастьями Круглова на Родине?

И. т.к. "кролики" находятся за пределами России, то может быть и доброжелатель совсем не россиянин?

А, к примеру скажем, американец?

И хотя это была догадка лишённая каких-либо оснований (в оригинале: "wild guess"), шеф сказал что это не исключено.

Потом посмотрел на меня и спросил:

"Как ты думаешь, о чем я сейчас думаю?"

"О том, что надо поговорить с д-р Кербер." - ответил я.

С. И. Прокопенко

(директор Департамента компьютерной безопасности)

Чем глубже вникаю в это дело, тем менее понятным оно становится.

Анализ "опуса" (как Юра его назвал) пока ощутимых результатов не принёс, скорее даже выявил дополнительные составляющие требующие осмысления.

Андрей из ФСБ указал на возможную параллель между персонажем опуса Г. П. Кругликом и вполне реальным "персонажем" уголовного дела, курируемого ФСБ, - Д.А. Кругловым.

Последний, якобы, проводил незаконные эксперименты на людях, которые приводили к необратимым последствиям для психики испытуемых.

Наводку на Круглова получил один из сотрудников ФСБ на свой мобильник в виде SMS.

И тут я вспомнил об этой SMSке.

Пару месяцев назад ФСБ попросила нас помочь ихним специалистам выявить координаты отправителя. Мы, как и ФСБ, располагаем достаточным набором средств для подобного рода задач. Но на тот раз, все наши попытки ни к чему не привели. По всей вероятности, отправитель был достаточно квалифицирован чтобы надежно замести следы.

На тот момент, ФСБ ничего не сообщила о содержании SMS, только мета данные, которые могли быть полезными для выявления отправителя.

Теперь этот текст лежит передо мной.

„ *Лаборатория Д.А. Круглова: недопустимая манипуляция сознанием Человека; люди, пережившие Это пару недель назад, до сих не могут прийти в себя: видения наяву, бессонные ночи, и многое другое, слишком сложное для краткого описания.*"

Далее следуют координаты лаборатории Д.А. Круглова и имена, так сказать, прошедших через "Это":

Валентин М.
Дарья К.
Руслан Д.
Тигран А.

Разумеется, ФСБ не могла "наехать" на лабораторию основываясь на такой маловразумительной анонимке.

С другой стороны, упоминание о "манипуляция сознанием" вызвало естественный интерес, так что спустить такое дело на тормозах сочли нецелесообразным.

ФСБ "организовала" серию проверок Минздрава, т.к. лаборатория официально числилась как коммерческая клиника по оказанию психологической помощи.

В базе данных клиники было найдено около семидесяти имён пациентов, включая четырёх, упомянутых в анонимке.

Комиссии Минздрава удалось побеседовать по телефону с некоторыми индивидами, имена которых значились в базе данных. Все они в своё время откликнулись на рекламное объявление в местной газетёнке, сулящее решение проблем людей, страдающих различными комплексами.

Объявление гласило, что лечение будет проводится "инновационными, экспериментальными методами".

Объявление также честно предупреждало о возможных побочных эффектах, среди прочих, о возможной кратковременной амнезии.

Все опрашиваемые дружно подтвердили, что временная потеря памяти имела место быть.

Что же касается эффективности "инновационных, экспериментальных методов" в лечении расстройств - тут мнения пациентов разделились. Одни утверждали, что лечение было успешным, другие были разочарованы.

Большинство же указывало на временное улучшение, потом всё возвращалось на круги своя. Можно предположить, что причиной временного улучшения была встряска, вызванная потерей памяти.

К разочарованию ФСБ, никого из четырёх, упомянутых в SMS, найти не удалось.

Проверка по месту жительства ни к чему не привела: все разыскиваемые съехали с наёмных квартир за несколько недель до этого. Мобильники не реагировали, позже выяснилось, что провайдер мобильной связи отключил сервис в связи с неуплатой.

Единственным примечательным обстоятельством во всей этой истории с телефонами было то, что все 4 телефона были возвращены провайдеру в одной посылке.

Однако обратный адрес, как и следовало ожидать, был липовый, так что и эта ниточка оборвалась никуда не приведя.

За исключением того, что это дало предположить, что все четверо, в силу каких-то причин предпочитают держаться вместе.

Опять же вопрос: с чего вдруг? Не было никаких свидетельств того, что они знали друг друга до момента появления в клинике. Сеансы их лечения судя по расписанию, проходили в разные дни.

Была сделана попытка каким-то образом "спрофилировать" четверку, т.е. найти какие-то обстоятельства, общие для всех 4-х.

Оказалось, что все они - бессемейные лица в возрасте он 27 то 36 лет — это, пожалуй, всё что их объединяло.

По всем остальные параметрам - пол, образование, этническое происхождение - был полный разброд.

Не найдя ничего более конкретного, ФСБ, под разными предлогами, обратилась к родителям 4х.

И тут выявилась ещё одна общность.

Все они не общались со своими родителями с тех пор, как покинули отчий дом.

Причины были разные, но результат один - разрыв с родителями.

Дарья, например, как можно было понять, сбежала из дому в силу того, что была не в состоянии вынести общество распутной матери и её многочисленных сожителей.

Тигран бросил жену и 3-х летнего ребенка (которые продолжают жить в доме отца Тиграна), и скрылся из виду в неизвестном для близких направлении, предположительно с "разлучницей".

Константин когда-то повздорил с отцом (семья отказалась назвать причину) и тоже пропал из виду.

Найти семью Руслана не удалось вообще. Паспортный стол Южной Осетии сообщил что таковой просто не числится среди рожденных в республике.

Сам Круглов за несколько дней до проверки вылетел в США - ответ из МИДа подтвердил, что американская гостевая виза была открыта за 4 месяца до этого.

То есть вырисовывается картина: на Круглова накапали, но у него на этот случай, заранее, как бы был заготовлен выход из положения.

Выходит, он загодя знал, что рыльце в пушку, и решил подготовиться на случай возможных санкций.

Что же всё-таки он сотворил с этой злополучной четвёркой? И где же они, мать их за ногу, скрываются?!

Юрий Сандальский

Продолжаю, так сказать, "исследовать" любовную тему Опуса — уж не знаю, что мною движет сильнее - желание докопаться или личный интерес к судьбам героев.

Годы 1991 – 1992.

Сновидение наяву, в которое он внезапно влетел на той обыденной площади, продолжалось.

Он встречал Её после занятий или работы, они зачастую шли куда глаза глядят, без всякой видимой цели. Быть вместе, дышать одним воздухом, жить в одном разговоре — это была цель.

Во всяком случае - для него.

Что же касается Её, он чувствовал, что какая-та забота не давала ей покоя. Но он гнал все сомнения прочь, упрямо не допуская возможности того, что что-то могло бы омрачить эту его эйфорию.

Однажды - был дождливый вечер (в разгаре Московской зимы!) - он увидел издалека Её при неясном свете неона.

У него создалось впечатление что на лице Её была какая-то маска - по всей видимости - результат дождя, решил он.

Подойдя поближе, он понял, что она плачет.

"Он сказал если Я уйду, он покончит собой."

"Как-бы там ни было, разве можно предаваться счастью, если это сделает несчастным другого человека? Даже нелюбимого?"

Разумеется, ничего путевого он ответить не смог, несмотря на свой хваленный "курс психологии за плечами".

Так они стояли какое-то время, потом она вытерла слезы и попросила вызвать такси.

Они уже сидели в машине, когда он пришел в себя и, предвидя вопрос шофёра, спросил:

"Куда?"

"К тебе", сказала она.

....

....

....

Позже, возвращаясь к той ночи - фантасмагории страсти и отчаяния - он не мог припомнить каких-либо подробностей. Он очнулся уже под утро; она смотрела на него, подперев голову рукой - скорее всего он вырвался из кратковременного забытья, почувствовав этот её взгляд.

"Пойми, он для меня всё - семьи дружат годами, общее детство, общая компания, интересы и всё такое", произнесла она как-бы продолжая прерванный разговор.

"Всё прекрасно, но проблема в том... Ты слышишь меня?" Она встряхнула его, хотя никакой необходимости в этом не было - он слушал затаив дыхание.

"Проблема в том что а люблю другого."

Он притянул её к себе.

"И от этого другого тебе никуда не деться"

Она осторожно высвободилась.

"Ты полагаешь мы будем счастливы? Ты будешь счастлив со мной? Со мной, грызущей себя день и ночь?"

Как всегда, в нужный момент, слова застряли у него в горле. Дилемма казалась неразрешимой.

Сказать что-то вроде "а что будет со мной - ты об этом подумала?" - означало бы подлить масла в огонь и ранить её еще больнее. И в тоже время лишиться её, вот так - без боя?

Так он смотрел на неё не зная, что сказать, проклиная свою нерешительность и парализовавшее его оцепенение.

Она, казалось, поняла это его состояние. Поцеловав его, она молча поднялась и начала одеваться.

Он сдавленно пробормотал: "И что - это всё?!"

Она посмотрела на него и тихо произнесла: "Когда я буду с ним, я смогу только думать о тебе и об этой ночи. Я всегда буду помнить о тебе и об этой ночи. Единственное что я могу твердо обещать."

Он вдруг вскочил и начал рыться в карманах брюк. Затем протянул ей какую-то смятую бумажку.

На молчаливый вопрос, ответил: "Это тебе... извини, не успел закончить..." У него мелькнула мысль о том, что он уже *никогда* это не закончит в силу того, что источник вдохновения покидает его.

"Стихи?!" Она принялась читать, достаточно бегло, несмотря на его корявый почерк.

Сейчас вспомню едва-ли - во сне иль в бреду -
Мы с тобою гуляли в волшебном саду.

Наши души влетели в чей-то благостный мир
Птиц небесные трели сотрясали эфир.

Некто мудрый и светлый нам указывал путь
В чей-то угол заветный, в чью-то тайную суть.

Только вот не спросили - видно робость храня -
Год рожденья Мессии, дату Судного дня.

Не узнали толково назначенье планет
И про тайное слово - зарученье от бед...

Её глаза увлажнились, она прижала его голову к себе.

"Сева, моя незаконченная поэма... Изгнали нас из этого сада... Не знаю за какие грехи. Придется устраиваться на грешной Земле. И в отличие от Адам и Евы - по одиночке..."

Как позже выяснилось, свадьба была запланирована на следующее воскресенье. Еще через три дня, молодые вылетали в Бельгию, где Роберт - уже кандидат наук на тот момент - получил контракт от известной фармацевтической фирмы.

Федеральный агент Билл Гладстон

Добиться возможности поговорить с Др. Кернер оказалось делом непростым. Секретарша (или скорее Кернер через секретаршу) настойчиво пыталась выяснить цель разговора - дескать всё что есть было показано и рассказано в полной мере на предыдущем "сеансе".

Я применил нашу с шефом "домашнюю заготовку" на этот случай: интересы государственной безопасности, мол, диктуют необходимость подробно побеседовать на тему умственного и физического состояния Круглова, т. к. от этого зависит его иммиграционный статус.

Мы дескать, делаем всё возможное чтобы убедить ИНС (INS) продлить пребывание Круглова в Штатах как можно дольше. Как нам представляется, это также совпадает с желанием Др. Кернер.

Аргумент, как и ожидалось, оказался достаточно убедительным. Мне удалось втиснуться на целых полчаса (!) в тесное расписание директора NITE.

После недавней беседы с Советником я убедился, что с занятыми людьми не следует тратить время попусту на "печки - лавочки" (в оригинале: small talk), и сразу приступил к вопросам.

Надо сказать, что подобные собеседования, с точки зрения оперативника, представляют собой импровизационную игру, целью которой является принудить собеседника вольно или невольно выдать информацию которую она/он не собирались предавать гласности.

Прежде всего меня интересовала степень вовлеченности NITE в деятельность лаборатории Круглова в РФ.

На что Мелисса (так он любезно позволила себя именовать) ответила, что это не имеет никакого отношения к нынешнему состоянию пациента.

Тогда я зашёл с другого боку и спросил, что ей известно о состоянии К. до приезда в Штаты. Тут-то она и проговорилась, сказав, что до приезда К. в Штаты отношения (!) у них были чисто деловые, и она ничего не может сказать о его здоровье в тот период.

Так, слово за слово, я смог вытянуть из неё важную деталь: NeuronCell был одним из инвесторов российской лаборатории К.

И скорее всего – единственным инвестором.

Более того, инициатива инвестировать исходила из отделения NeuronCell под названием NITE.

То есть от нашей сиятельной Мелиссы.

Если это так, то очень возможно, что она каким-то образом вовлечена или имеет информацию о четырёх свидетелях Резонанса - или по крайней мере о каком-нибудь из них. Но выудить что-нибудь конкретное на эту тему не удалось.

Хотя я заметил (или скорее почувствовал) как она напряглась, когда я коснулся этой темы. Что можно было трактовать двояко: или она что-то скрывает, или это загадка для нее, как и для всех нас, и она очень заинтересована её разгадать.

Затем мы перешли к формальной теме нашей беседы - состоянию К. на данный момент.

Её оценка сводилась к тому, что пациент до сих испытывает последствия эмоционального шока, вызванного преследованиями со стороны властей РФ. Это мол, и бессонница, и вспышки агрессивности, и провалы в концентрации внимания.

Но наиболее тревожным симптомом, по её словам, является одержимость идеей о некой малообъяснимой связи всех его несчастий с открытием Резонанса.

Я спросил верит ли она в эту связь и, если нет, какова, по её мнению, причина этих его несчастий?

Она усмехнулась.

"Это абсолютно вне моей компетенции (в оригинале "way above my grade") трактовать мотивацию или логику принятия решений со стороны российских властей".

"То есть какая-либо связь с Резонансом представляется маловероятной?"

"Теоретически возможно, что кто-то из четверки пожаловался..."

Тут она прикусила язык, как-бы боясь сказать больше, чем необходимо.

Но мне было достаточно того, что я уже услышал.

Наши подозрения что Мелисса стоит за всем (или частью) того, что приключилось с К. в РФ, отнюдь не рассеялись.

Мотив - заполучить К. в Штаты (точнее в NITE) со всеми его продвинутыми причиндалами - очевиден.

Тот факт, что виза была оформлена за несколько месяцев до его бегства, тоже говорит в пользу версии.

И тут я внезапно осознал, что всё это не так важно. В конце концов, парень в Штатах, депортация маловероятна, более того, согласно медицинской оценке МК, получение политического убежища очень даже возможно.

До меня вдруг стало доходить что Резонанс, возможно, совсем и не миф.

А если это так, то все наши представления о человеке как о разумной особи, со всеми нашими научными наворотами, являются всего лишь верхушкой некоего "айсберга".

А что же тогда там, "под водой"?

И если мне, простому оперативнику, приходят в голову подобные сравнения, то что можно ожидать от лиц и организаций, которые столкнулись с этим, можно сказать, профессионально - Мелисса например?

Или русские, которые, по всей видимости, с ног сбились, разыскивая эту четверку?

Дарья Каменецкая - бывшая пациентка клиники Круглова

Ну просто как в том анекдоте: "... А теперь убери козу". С той лишь разницей что убрать "козу" не в моей власти.

То есть жизнь моя, будучи хреновой, переросла в новое качество: стала *очень* хреновой. Мало того что и до этого жизни никакой не было - ни нормального детства, ни нормальной работы... о чём-то хорошем на личном фронте и говорить не приходится.

Это надо ж было - клюнуть на эту идиотскую рекламу и согласиться на это "лечение". В надежде, конечно, на какое-то хоть облегчение... ну может как-то обрести душевное равновесие, больше уверенности, больше позитива что-ли...

Хотя после сеансов цель у меня появилась - избавиться от этих наваждений. Все эти видения, этот столп, эти незнакомые лица, эти эмоции чужих людей, которые преследуют тебя день и ночь...

И особенно эта тройка - три парня, один по виду русский, два других выглядят как нацмены. Зовут куда-то, указывают пальцами на какое-то размазанное пятно ("пятно" - за неимением другого сравнения), не могу понять, что оно мне напоминает.

И какое-то чувство одолевает, что они со мной одного поля ягоды - бедолаги, придавленные постоянной непрухой, пытающиеся что-то изменить, куда-то вырваться...

Со временем всё остальное как-то немного поугасло, а от этих троих - никакого спасу.

Наконец, среди ночи, я проснулась как от толчка. До меня внезапно дошло почему это "пятно" казалось мне таким знакомым.

В памяти всплыли башенки Ярославского вокзала.

Которые так примелькались за время моих "челноков" в родной Торжок и обратно, что я просто перестала их замечать.

Затем стали проявляться подробности.

На всех башенных часах - 3 часа, и судя по полумраку вокруг - 3 часа утра.

После этого видения стали более четкими.

"Камера" ныряла в один из входов и передо мной возникал зал ожиданий с фокусом на ряды багажных боксов и останавливалась на одном из них.

Бокс номер 2054.

Мои три "кореша" как-то неуклюже тасуются вокруг ящика, видимо стараясь открыть, а может и взломать.

После многократных просмотров этого "кино", мелькнула шальная мысль: а что если поехать? Ну чем я рискую?

Во всяком случае, на один вопрос можно будет ответить: это с моей крышей что-то неладно или там что-то другое?

Наконец решилась.

Не знаю почему, выбрала ночное время - что бы успеть к трем часам.

Приезжаю, вхожу в зал, подхожу к багажным боксам.

Когда увидела эту троицу живьем, меня как чем-то шарахнуло.

На какое-то мгновение показалось, что продолжаю бредить.

Просто стою как дура, глазею как они суетятся вокруг бокса. Наконец один из них (как оказалось Тигран) случайно обернулся, заметил меня, деловым тоном бросил:

"Привет, ну наконец-то" - таким тоном как будто он мой повседневный знакомый, и мы расстались 2 часа назад.

Тогда уже обернулись все.

Ни у кого из них не было и тени удивления или недоумения на лице. Скорее мой приход даже вызвал у них что-то вроде облегчения.

Вопрос, который, видимо, был на языке каждого, первым задал худощавый блондин – Валентин:

"Время?"

Я, не отрывая взгляда, подняла руку чтобы посмотреть на часы.

"Да не это время!" - с нетерпением сказал Тигран. "Время на башенных часах? Ну в этой твоей...картине ...ну ты понимаешь..."

"Три... ".

"Три ночи? дня?"

"Кажется ночи...".

Тигран бросил Валентину: "Проверь три, а также пятнадцать - на всякий случай"

Валентин начал колдовать на своём мобильнике. Остальные двое сгрудились вокруг него, не отрываясь от экрана.

Так продолжалось несколько минут, затем Валентин, глубоко вздохнув, сделал шаг к боксу 2054.

Нажав 4 кнопки, он дрожащей рукой потянул дверь на себя.

С каким-то тягучим скрипом, дверь отворилась.

На несколько мгновений вся тройка застыла как будто кто-то нажал кнопку Стоп в этом отмороженном кино.

Руслан опомнился первым и вытащил из чрева большой серый саквояж с какой -то биркой на ручке.

На одной стороне бирки был нарисован какой странный двор, обнесенный частоколом. Посреди двора стояло нелепое строение - то ли сарай, то ли теремок с детской площадки.

На другой стороне бирки было написано большими буквами всего лишь одно слово: НИКОДИМ.

С. И. Прокопенко

Прелесть повседневной рутины познаешь только тогда, когда случается нечто из ряда вон, некое роковое событие, которое ставит всё с ног на голову.

Перефразируя ВИЛ:

"Специальная Воинская Операция, о необходимости которой столько твердили патриоты, совершилась"

Вернее, началась и по всей видимости, началась неудачно.

Когда я слышу все эти возгласы: "Какого хрена? Чего нам не хватало? *Кто нам грозил?!*" - я молчу как рыба об лёд, потому как крыть мне в общем-то нечем. Ясное дело что вся эта официальная мотивация, мягко выражаясь, неубедительна - просто пурга для оболванивания населения, которое в глубине души понимает что это пурга.

Но что-то сидит во мне такое, некая упрямая эмоция, которая, возможно, заставила бы меня поступить так же, будь у меня власть.

Вся эта огромная страна создавалась, функционировала - и расширялась! - за счет усилий, жертв, пота и крови десятков поколений.

И потеря даже незначительной части - все равно что резать по живому.

Даже если оставшаяся территория огромна и имеет все ресурсы чтобы обеспечить процветание.

Но потеря территорий — это даже не самое главное.

Некий таможенник из небезызвестного фильма выразил это в двух словах: "За Державу обидно"

Лишиться способности влиять на события в любой точке мира, потеря статуса мировой супер-силы - вот это гложет больше всего…

Но я держу все это при себе - молодежь не поймёт, что же касается остальных, то я подозреваю что большинство из них разделяет это моё державное чувство - и тоже не спешит предавать его гласности.

Этакий молчаливый заговор имперских комплексов…

Впрочем, предаваться размышлениям некогда так как вся деятельность департамента в эти дни подчиняется, предсказуемо, одному девизу - "Всё для фронта, всё для победы".

Мы просто стали подразделением сил РЭБ.

Основная работа в первые дни свелась к усилиям предотвратить отслеживание противником наших операторов дронов. Технологию такого отслеживания - "AeroScope" - предоставляет китайская компания DJI.

Решение нашли в установке "proxy" ботов, которые устанавливались на безопасном расстоянии от оператора и служили "посредниками" между ним и БПЛА.

Затем посыпалось: шифровка своей информации, дешифровка данных противника, "Jamming – anti-jamming", "Hacking – anti-hacking", помощь в установке безопасных каналов связи и т.д. и т.п.

Так что когда мне сообщили из ФСБ, что видеокамера на Ярославке засекла нашу искомую четверку, когда они находились в зале ожиданий, я в первый момент даже не понял о чём разговор. А когда понял, то не стал особо вникать, так как разрывался между несколькими проблемами, требующими срочного решения.

Только мелькнула мысль что я, видимо, стал неофициальным участником расследования клиники Круглова, раз ФСБ держит меня в курсе дела.

И лишь поздним вечером, дома, с чашкой чая в руке, я смог прогнать этот клип.

Софт по распознаванию лиц, благодаря которому четверка была обнаружена, идентифицировал только Дарью К., видимо в силу того, что на ней не было головного убора. На парнях же были куртки с надвинутыми капюшонами, так что лица можно было рассмотреть более–менее чётко - только остановив запись.

Камера засекла момент, когда все четверо сбились в кучку, уставившись на какой-то предмет в руках одного из них.

Предметом оказался сотовый телефон, на котором вырисовывалось - в те редкие моменты когда никто не заслонял экран - некое интерактивное приложение. Обладатель мобильника вводил какие-то данные, "нажимал кнопку" "*ввод*", ждал…

Затем всё повторялось, видимо пользователь - Валентин М. - не получал некий ожидаемый ответ.

При этом все почему-то то и дело поглядывали на большую серую дорожную сумку с каким-то ярлыком на ручке.

Наконец, судя по их реакции, они получили то что хотели. На экране высветилась карта - но распознать местность мне не удалось, несмотря на увеличение изображения.

Все двинулись к выходу, один из них - Руслан Д. - подхватил саквояж.

При этом бирка на ручке перевернулась на другую сторону, и я смог прочитать единственное слово, нанесённое на неё каким малопонятным способом – то ли печатью, то ли жирным химическим карандашом.

НИКОДИМ.

В подкорке что-то щёлкнуло - я определённо где-то/как-то сталкивался с этим странным именем? кличкой? погонялом?

Когда вспомнил, подскочил в кресле, чуть ли не опрокинув чай...

Наш подследственный Ник - "честный кибер-вор", как он себя величает.

По паспорту - Никодим Онуфриевич Гладченко.

Это могло быть просто совпадением, но реально - какова вероятность того, что кто-нибудь ещё обладает столь несуразным именем в наши дни? Всем своим нутром старого сыщика я почувствовал, что это не случайно. Теперь понятно почему ФСБ решило дать мне доступ к этой ленте - Ник был в сфере их интересов с тех пор, как он попал на наш радар.

То есть ко всей этой геморройной истории с Ником (а, следовательно, с PDF- опусом) добавилась ещё одна боль:

выяснить каким боком этот тип связан с клиникой Круглова?

Юрий Сандальский

Невзирая на аврал, связанный с работой на нужды СВО, постоянно возвращаюсь к Опусу, хотя по критериям срочности, этот анализ откатился далеко вниз по шкале приоритетов.

Мне кажется я просто "подсел".

Взять хотя бы этот персонаж - Сева Кратов. Личность маловразумительная, цель его туманна; как это так - познать всё? И вообще - зачем? "Знания умножают скорбь" - эта истина известна с древних времен.

И все-таки тянет узнать что с ним случится, чем он кончит в этом сюжете... например как он оправится от расставания с этой Леоной и оправится ли вообще?

И потом это ощущение...

Вроде знаешь что книга уже закончена, финал известен заранее - и все-таки кажется что всё происходит в первый раз когда читаешь. Что ты участвуешь лично во всей этой фантасмагории. Что какие-то твои решения могут повлиять на конечный исход...

Год 1992.

Он приказал себе не думать о ней - жизнь продолжается, ничего страшного не случилось. Он переживет. У него есть работа, спорт, книги. В какой-то степени это сработало, он был занят целый день, вечером махались в теннис с братом.

Серега, со свойственным ему чутьём, спросил:

"У тебя всё в порядке?"

"Да, а что?"

"Да ты играешь как-то... исступлённо что-ли. Мечешься по корту как в ж-пу раненый."

"Спасибо за столь изысканный комплимент моей подвижности".

Затем он продолжил в том же духе, намекнув что Сергей ищет оправдание своим поражениям.

Больше эта тема не поднималась.

Сергей ничего не знал об их отношениях с Леоной - и это было к лучшему. Последнее что он хотел - это слушать слова утешения, даже от брата.

В те немногие часы, когда заняться было нечем, он продолжал медитировать, следуя методике, изложенной в книге Арье Блума, подаренной Лозинским.

Он старался следовать инструкциям, хотя не особенно верил в возможность достижения сколь-нибудь ощутимого результата.

И вообще, когда он начинал, это было что-то вроде игры, какой-то несерьезный эксперимент.

То есть основным мотивом было праздное любопытство.

Теперь, в силу каких-то не совсем понятных ему причин, это стало чем-то более значительным.

Осталось неизвестным принял ли Сева к сведению то место в книге А. Блума, где подчеркивается зависимость возможного успеха медитации от способности медитирующего владеть своими чувственными позывами:

"Связь с духовным пространством имеет в каком-то смысле сексуальную природу... Личность, которая может контролировать сексуальную страсть даже в момент наивысшего желания, будет в состоянии сохранить самообладание и ясность мысли во время пребывания в духовных сферах".

Как бы там ни было, всё выглядело так, что Сева, в принципе, соответствовал вышеизложенному определению воздержания и контроля.

Он предпринял максимально возможные усилия чтобы подавить в себе страсть к женщине его мечты, его жизни. Что ещё можно было потребовать?

Все его предыдущие попытки обрывались на первом же рубеже: ему ни как не удавалось отключить все мыслительные и зрительные образы от своего сознания. Чем больше он старался, тем больше всякой чуши лезло в голову.

Теперь же, может быть, в силу вышеуказанных усилий и улучшения самоконтроля, наметился прогресс. Сначала еще что-то копошилось в подсознании, но и это удалось преодолеть.

В течении нескольких секунд он мог полностью покинуть обычное состояние сознания - "*Бина*" - "Понимание" или "Разумение".

То есть, привычное нам ментальное пространство, где все сущее разбито на концепции, понятия, определения.

Что означало возможность проникнуть в состояние "*Хохма*" – Мудрость.

Безбрежный океан чистого интеллекта, не имеющего вербальной формы.

Где нет ещё ни концепций, ни понятий, ни определений.

Если сравнивать *Бина* с трубопроводом, *Хохма* представляет собой питающий водоём, где жидкость хранится в своей первозданной форме, или точнее, своей первозданной бесформенности, где она ещё не разнесена по коллекторам и байпасам для последующей утилизации по конкретным назначениям.

"Мудрость" - пояснял автор - "ассоциируется с невербальным правым полушарием мозга, в то время как Разумение связано с вербальным левым полушарием. Кабалисты утверждают, что испытать состояние Мудрости можно только, если оно 'облачено' в Разумение: 'Будь Мудр с Разумением, Разумей с Мудростью'. Это предполагает целенаправленную осцилляцию между двумя состояниями."

Вход в сознание "*Хохма*" ещё не означает автоматический пропуск в сферу Духа, однако позволяет приблизиться к следующей ступени:

Настроиться на нечто с трудом поддающееся описанию – *Сефирот* (Множественное от '*Сфира*').

10 каналов через которые Творец осуществляет контакт с творением.

Он уже собирался перейти к этой, наиболее продвинутой стадии, однако одна простая мысль остановила его: зачем?

.Создавать мифического *Голема* он не собирался. *Познать внутреннюю суть всех вещей* - этот соблазн праздного ума уже не увлекал его как раньше. Сейчас это казалось уж слишком амбициозным.

Он решил поставить перед собой более скромную задачу.

В книге утверждалось, что одним из результатов медитации может быть привнесение изменений, в том числе улучшений, в физический мир. После недолгих размышлений, ему пришло в голову что было бы неплохо сделать попытку улучшить… самого себя.

Но каким образом? И какую часть "себя"? Можно ли, например, поднять свой моральный настрой, избавиться от негатива, связанного с расставанием с Леоной? Он отказался от этой идеи - это могло бы привести к забвению, а он дорожил воспоминаниями о каждом моменте связанным с ней.

В конце концов он пришёл к выводу что объектом, наиболее достойным улучшения, является мозг.

Мозг, рассуждал он, отвечает не только за умственные процессы, но также влияет на другие вещи - реакцию, концентрацию внимания, умение сосредотачиваться и пр.

В памяти всплыл давнишний спор, спровоцированный неким Джеймсом (и кажется Сайдисом) утверждавшим что большинство людей используют не более 10 % мозга. И хотя последующие исследования показали, что подобные утверждения не более чем миф, для учёных остаётся загадкой взаимодействие клеток, приводящее к сложному поведению и расстройствам. Самым сложным, пожалуй, является вопрос о том, как же различные отделы мозга, работая вместе, формируют сознание.

Может, размышлял он, здесь и проходит граница между материальным миром и тем, что лежит за его пределами?

Можно рассматривать мозг как независимый компьютер, а можно и как часть некоей Сети, своего рода терминал.

А раз есть терминал, где-то должен быть и "Mainframe". Некий центр, к которому сходятся нити управления - видимые и скрытые.

Может быть попытаться сосредоточиться на той области сознания которая и контактирует с Центром - своего рода "network card" если продолжить компьютерную аналогию?

Наконец, ему надоело теоретизировать, и он взялся за дело. Раздобыв всевозможные атласы, скачав все что можно было найти на Интернете, он поставил себе задачу определить для себя наименее изученную область мозга. Оказалось, что таковых просто нет. Современные методы исследования, в частности томография, практически не оставили белых пятен во этой области.

Однако вопрос о том, как же различные отделы мозга, работая вместе, формируют сознание - оставался открытым.

Тогда он взялся за изучение структуры и принципов работы "рабочей" памяти. В частности, его заинтересовала генерация образов, всякого рода "визуализация" вещей, то есть, возвращаясь к компьютерной аналогии, "video card".

Наконец он начал медитировать, пытаясь представить себе процесс визуализации. Согласно Каббале, все аспекты и "обитатели" духовного измерения абсолютно абстрактны, т.е. лишены какой-либо формы или внешних атрибутов. Все, что возможно "увидеть", зависит исключительно от индивида, от его методов перевода увиденного в зрительные ассоциации.

После многочисленных попыток, он практически не смог добиться сколь-нибудь ощутимого результата.

Он чувствовал что-то, но не мог понять что.

Это можно было сравнить с ситуацией человека, рожденного слепым, которому в результате операции было даровано зрение.

Долгое время после операции такой пациент не состоянии воспринимать картину внешнего мира: различать цвета, отделять одну форму от другой и т. д.

В конце концов, что-то стало проясняться - скорее на ментальном уровне, чем на зрительном.

Некая светящаяся точка, испускающая жалостливые эмоциональные флюиды - страстные призывы обратить внимание, откликнуться, подойти ближе...

Любой мало-мальски квалифицированный каббалист ужаснулся бы подобному безрассудству.

Два условия, минимально необходимых для попыток Подняться - доскональное знание Писания и "очищение сердца" от всякого рода скверны - были проигнорированы.

Что могло подвергнуть инициатора непредсказуемым перипетиям и опасностям.

И это было ясно и недвусмысленно изложено в книге которой он руководствовался.

Но такова была природа Севы - если он что-то втемяшил себе в голову, то остановить его было невозможно.

Юрий Сандальский (продолжение)

Ну и заумь - никогда не читал ничего подобного!

Всегда считал что "хохма" - не более чем термин из одесского фольклора (*И что, с этой хохмой Рабинович полетит в Токио?*)

А тут на тебе - "Безбрежный океан чистого интеллекта" и т.д.

И вообще, прикольная штука эта Каббала - было бы время - занялся бы этим серьезно.

Время... Этот товар у меня в дефиците сколько себя помню.

И чтение этого Опуса, как бы он ни забирал, ни на йоту не приблизили меня к цели нашего расследования.

Но чувствую что это уже не в моей власти - оторваться - так что продолжаю читать...

Годы 1992 – 1993

Прошло несколько недель - практически без сколь-нибудь значительного продвижения, если можно применить этот термин в данной ситуации. Продвижение предполагает какое-то направление, а также наличие некоего пункта назначения.

Он не имел ни малейшего представления ни том ни о другом.

Светящаяся точка продолжала жалобно взывать к его чувству сострадания, молить о чём-то - он пытался понять о чём.

Наконец ему пришло в голову что сущность, олицетворяющая точку, просто желает пообщаться.

Идя навстречу, он сделал естественное движение - мысленно протянул руку.

Внезапный вихрь подхватил его, перед его глазами замельтешили какие-то эпохи, миры, события. С калейдоскопической быстротой, одно видение наслаивалось на другое чтобы через мгновение уступить место третьему.

Затем всё оборвалось.

...Он не сразу понял, что же случилось. Всё оставалось на своих местах, в комнате ничего не изменилось, он не чувствовал перемен в своём физиологическом состоянии.

Только странное ощущение что кто-то чужой, помимо него, завладевает его рассудком.

Так он сидел несколько минут, пытаясь понять что-же всё-таки происходит...

И тогда он услышал Голос.

Не откуда-то извне, а из глубины своего сознания.

"Голос" не имел ничего общего с колебаниями звука, он исходил на ментальном уровне, ему не нужны были слова или даже конкретный язык (диалект) чтобы быть понятым.

Причем предавался не только смысл, но и эмоциональный настрой "говорящего".

"Эмоциональным настроем", если можно так выразиться, был надтреснутый старческий смешок.

"Поздравляю, доктор Фауст современности... твои попытки проникнуть в непознаваемое, узнать то, что тебе не положено знать - привели к неожиданно замечательному результату..."

Сева сидел с открытым ртом, не веря происходящему, не зная что сказать.

Не дождавшись ответа, Голос продолжал:

"Некто великий и праведный покинул наконец тысячелетнее заточение..."

Сева внезапно обрёл дар речи.

"Какого хера тебе от меня нужно?" - в приступе дикой паники заорал он. "Изыди, падла!"

Горло сдавили стальные тиски. Ощущение было вполне физическим, не о каком "ментальном уровне" не было и речи. Он, вполне реально, стал задыхаться.

Старческий смешок сменился свистящим шёпотом.

"Ш-ш, дурачок, соседей разбудишь... Ты пойми - ты для меня навоз, удобрение. Среда, в которой Я существую в этом мире. При желании, я теперь могу перескочить в любое двуногое, оставив после себя твой труп или твое тело в 'овощном' состоянии."

"Так что это в твоих наилучших интересах - не выкобениваться и в точности следовать моим инструкциям"

Сжимавшие горло тиски расслабили свою хватку, Сева судорожно пытался восстановить дыхание.

Тем временем Голос, видимо желая подсластить пилюлю, продолжал:

"Но не всё так ужасно для тебя, мой истеричный кокон…"

Несмотря на ужас момента, врождённое Севино любопытство пересилило вся остальные эмоции.

"Откуда такой лексикон? Где ты нахватал все эти слова - 'выкобениваться' и проч.? В зоне где ты мотал свой тысячелетний срок?'"

"Ну да, в зоне, мотал…здорово сказано…" - Обладателя Голоса явно позабавила эта формулировка. "Но скорее не в зоне а в очень хорошо изолированной камере-одиночке. Вам, смертным, такая и не снилась"

"Но дело не в этом. Ты сейчас часть меня. Все что ты знаешь, постиг или можешь постичь — всё это мне доступно. Помимо прочего, разумеется. Представь себе фолиант в тысячу страниц набитый ценнейшей информацией. Так вот - ты в этой книге всего лишь крохотный абзац, не более."

"Так вот, насчет твоих перспектив…"

Сева перебил опять.

"Но кто ты? Откуда ты взялся? Ну скажи хоть своё имя наконец!"

"Там откуда я 'взялся', не было никого кроме меня, так что и не было необходимости в имени. На данный момент зови меня просто Шейд"

И после небольшой паузы:

"Могу я продолжить или ты намерен и в дальнейшем постоянно меня перебивать?"

И расценив Севино молчание как знак согласия:

"На данный момент тебе не обязательно знать всё. Главное для тебя - это понять что отныне все аспекты твоего пребывания в этом мире - здоровье, благополучие, безопасность - всё это зависит от того насколько точно и своевременно ты будешь выполнять то что я скажу"

"Что же касается моего происхождения, моей цели ... это длинная история. В буквальном смысле - от сотворения Мира. Я не могу вывалить её на тебя сейчас, иначе это окончательно помутит твой рассудок. Вопросы?"

"Вопросы??? Да я весь сейчас сплошной вопрос! Что всё это значит? Что ты хочешь от меня?"

"Перед нами с тобой стоит великая цель..."

"Но почему именно я?!"

"Почему именно ты?! Ты прекрасно знаешь ответ на этот вопрос, о Глупейший из мистиков. Не твоё ли щенячье любопытство послужило причиной всему этому?"

"Но ты сказал что сейчас ты можешь перескочить в любую другую особь..."

"С какой стати? Как кокон, ты меня вполне устраиваешь. Ты молод, отлично физически и умственно развит, и, несмотря на твою наивность, очевидно обладаешь определенной способностью проникать в духовные сферы."

"Хорошо, что я должен делать?"

"Ну наконец-то деловой вопрос! Этап первый: делаем из тебя провидца. Через неделю, с большой степенью вероятности, произойдёт крупная железнодорожная катастрофа в Бирме, где-то в районе Таунджи. Всё что от тебя требуется - разослать предупреждения в основные новостные агентства: ТАСС, CNN, AFP, BBC и т. д. "

"Никто тебе, разумеется, не поверит. Но когда это сбудется, обратят внимание. Придет известность. Станут задавать вопросы."

"А если не обратят? Выкинут в корзину сразу при получении?"

Тогда предскажем что-нибудь ещё. Когда-нибудь да клюнет. Кстати, помимо агентств, неплохо бы послать в какой-нибудь падкий на сенсации таблоид – уж эти-то обязательно ухватятся."

"Хорошо, а что дальше?"

"Дальше?"

"Ну заполучим мы статус пророка - каков будет следующий шаг?"

"Каждому овощу свой срок, так что не будем торопиться... Впрочем могу намекнуть если настаиваешь."

"Ты никогда не задумывался над вопросом - что делает бога - богом?"

"Не знаю, ну магия, чудеса..." - буркнул он, скорее чтобы отвязаться.

"Поклонение, лопух. Обожествление. Экстаз масс, пронизывающий твоё естество, гарантирующий твоё Вознесение..."

Ник Гладченко

Я уже смирился с тем что закончилась жизнь вольного флибустьера, бороздящего просторы кибер-океана и грабящего встречные галеоны по своему усмотрению.

Но мысль о том что теперь придется корпеть на галерах государственной службы, преследует меня день и ночь.

Сразу после ареста зачастили незваные гости из разных органов, задававшие массу вопросов, включая вопросы, так сказать, "по специальности": криптология, протоколы, скрипты и проч.

Все это сопровождалось навязчивыми намеками, что сейчас, дескать, самое время попытаться искупить свою вину перед Родиной.

Какой, извините, Родиной? Все наши операции/махинации/манипуляции производились за пределами РФ. Собеседники, разумеется, на такие детали не реагировали. Все что их интересовало — это на каком участке электронного фронта я мог бы принести наибольшую пользу.

Вопрос о том хочу ли я быть участником (пусть даже виртуальным) этой бойни, которую они называют СВО, даже не стоял.

То есть я, урожденный харьковчанин, должен был с энтузиазмом откликнуться на предложение (или точнее повестку из военкомата) способствовать, в числе прочего, в разрушении своего родного города.

Уж лучше бы меня захомутали пиндосы. Мотать срок в американской тюряге сейчас кажется наименьшим из зол.

Однажды утром, перед рассветом наступил какой-то просвет в моём замутнённом сознании, и я вспомнил о давно забытом факте. Где-то в Воронежском лесном захолустье я когда-то прикупил (почти задарма) небольшой, обнесенный забором, участок с неказистым строением внутри, которое, с небольшой натяжкой, можно было назвать домом.

Зачем я его купил - не могу внятно объяснить. Возможно, привлекла цена, а также наличие телефонной связи и WI-FI, что совсем не типично для такой дыры.

Но на данный момент, самым ценным достоинством этой хибары был тот факт, что она была зарегистрирована на третье лицо.

В ту же ночь я вскрыл одну из половиц и извлек оттуда остатки налички, запасные номера на машину, а также лэптопы, флэшки и роутер. Собрав все запасы харчей которые сгодились бы в дороге, свалил их в ту же котомку.

Затем спокойно хакнул "браслет" обеспечивавший мой домашний арест.

Через 5 минут я стоял перед моей старой "Нивой", запаркованный за несколько кварталов от дома

Ещё через 18 часов беспрепятственной езды я был на месте.

Найдя под трухлявым пнём связку ключей, я вступил в это своё, с позволения сказать, "владение".

Невзирая на затхлый смрад, я срочно занялся делом, которое, по моему ожиданию, могло бы хоть как-то облегчить моё чувство вины перед ребятами. Наладив интернет, вошёл в секретный аккоунт, расположенный в Кюрасао.

Наш общак.

Оставив небольшую часть для себя, разделил остаток на четыре части и перевел их на четыре счёта в Лихтенштейне.

Наш устный протокол, предполагал активировать эту процедуру только в случае провала.

С той лишь разницей что сумму следовало разделить на пять частей, не на четыре.

Это всё что я могу сделать для них сейчас. Они намного глубже в дерьме чем я.

Я могу, по крайней мере на время, просто залечь на дно. Как они будут выкручиваться - не имею понятия...

Чтобы как-то отвлечься, продолжаю читать распечатку. Хорошо что впопыхах не забыл захватить, иначе можно было бы свихнуться от тоски.

Посмотрим что ещё отчебучит этот Сева, теперь уже под чутким руководством некоего "голоса" по имени Шейд, которого Сева, собственной персоной, себе накликал...

Год 1993

Прошло несколько дней. Катастрофа в Бирме действительно произошла - но скорее автомобильная чем железнодорожная.

По какой-то причине шлагбаум стал опускаться с опозданием, что привело к резкому торможению машин, которые на большой скорости приближались к полотну ж/д.

Поезд проскочил без проблем, однако на пересекающей трассе произошли многочисленные столкновения.

Были госпитализированы десятки раненных, один в критическом состоянии.

Ожидаемого резонанса в прессе не произошло, несмотря на то что местом аварии был Таунджи, как и было предсказано.

Таблоид "Sun" прокомментировал в том смысле что "катастрофа не явилась неожиданностью, были предсказания о том, что она может случиться в любой момент". По всей видимости, заключал таблоид, автор предсказания был хорошо знаком с бардаком, царящим в железнодорожном хозяйстве Бирмы.

Несмотря на то что Шейд предупреждал о том что не стоит надеяться на быстрое признание, было очевидно что он весьма разочарован тем как всё произошло, можно сказать огорошен. На какое-то время он затаился, практически не проявлял себя.

Сева только мог ощутить что фраза в таблоиде о знании предсказателя о ситуации "в железнодорожном хозяйстве Бирмы" вызывала раздражение Шейда как проявление некоей злой иронии, почти как издевательство.

...После краткого отсутствия, Шейд "появился" опять и приказал купить билет лотереи, тираж которой должен был состояться через три дня. Место покупки было четко определено, и Севе пришлось тащиться в другой конец города.

Он ничуть не удивился тому факту что билет пронес ему выигрыш, измеряемый шестизначной цифрой в долларовом эквиваленте.

"Это исключительно целевой фонд, так что не вздумай профукать эти деньги" - предупредил Шейд.

Он, впрочем, сделал исключение и позволил Севе сделать щедрый подарок племяннице в честь её пятилетнего "юбилея".

То ли в результате напряжения последних дней, то ли под каким-то воздействием Шейда, Севой овладела апатия. Он по инерции, без души, выполнял задания по своим контрактам, анемично принимал поздравления по поводу лотерейного выигрыша.

У него не возникало даже мысли оказать хоть какое-то сопротивление Шейду ввиду, по его убеждению, полной безнадёжности какой-либо было борьбы с "голосом".

Даже любознательность - его вторая натура - как-то потухла. Его уже мало интересовали и конечная цель Шейда, и методы, которыми он применял.

Тем временем Шейд дал ещё несколько "пророческих наводок": наводнение в Заире, массовое отравление клиентов ресторана в Шанхае, неожиданный прорыв плотины в Бразилии...

Сева рутинно пересылал предсказания в агентства СМИ, список которых он составил в своей Email.

Но подлинным шедевром явилось предупреждение о том, что вскоре в зоне видимости земных телескопов появится доселе неизвестный астероид - с большой вероятностью пересечения траектории этого небесного тела с орбитой Земли.

О непосредственном столкновении метеора с нашей планетой упоминания не было.

Когда через несколько дней орбитальный телескоп Хаббл зафиксировал некий объект, приближающийся к Солнечной системе, - со стороны

Галактики NGC 598, как и было пересказано -"критическая масса" пророчеств была достигнута.

Появились многозначительные намеки в СМИ о "серии предупреждений, исходящих от некоторого индивидуума из России, которые сбылись с пугающей точностью".

Затем проснулась и отечественная пресса. Каким-то образом стало известно о Севином лотерейном выигрыше, помимо пророчеств. "Комсомолка", "Аргументы" и др. разразились заголовками типа:

"*Лотерейный 'счастливец' знал заранее номер билета, а также о многих будущих событиях!*"

"*Прогноз русского Нострадамуса: конец близок, кайтесь в грехах*".

Email была переполнена предложениями провести интервью.

"Лёд тронулся" - констатировал Шейд.

Он приказал затаиться до поры и не идти на какие-либо контакты с прессой.

На вопросы семьи и друзей по поводу его внезапной известности, Сева ограничивался вялыми, туманными объяснениями, ссылаясь на некие предчувствия, наитие, сны и проч.

"По поводу лотереи - тоже было 'наитие'?" — поинтересовалась одна из знакомых.

Ему ничего не оставалось как соврать про "чудный сон" в котором цифры были представлены во всей ясности, "черным по белому".

Между тем, слава росла.

Какой-то пронырливый папарацци, раздобыв адрес, незаметно сфотографировал его на выходе из подъезда. Его стали узнавать на улице.

"Всё, хватит, пора сваливать." – заявил Шейд. - "Не хватало здесь еще телевизионщиков, которые растиражируют тебя по всему свету. Это в наши планы не входит, во всяком случае на данный момент."

На следующий день последовало указание купить авиабилет на Тель-Авив.

Но конечным пунктом назначения значился не Иерусалим, как следовало ожидать учитывая, так сказать, "происхождение" Шейда и его амбиции - а Хайфа - город в своём роде примечательный, но не самый знаменитый на Святой Земле.

Федеральный агент Билл Гладстон

Прошло несколько дней после моей беседы с Др. Кернер и последующего доклада боссу.

По двусмысленным намекам последнего, я понял что происходит некое шевеление на самом верху по поводу нашего дела.

И действительно, вскоре мы получили меморандум от Министерства обороны объявляющий, что все обстоятельства, связанные с делом, с данного момента являются государственным секретом высшего приоритета.

Создается разношерстная бригада (в оригинале 'motley crew') из психоаналитиков, парапсихологов, компьютерщиков, и даже нейрохирургов.

Координировать деятельность всей этой банды было поручено мне.

На все мои протесты шеф привел железный довод: ты, дескать, уже вовлечен в это все, имеешь представление о происходящем - так зачем расширять число посвященных привлекая кого-то ещё?

Понимая что спорить бесполезно, я принялся за дело.

После серии совещаний, было решено что работа будет вестись в двух направлениях:

1. Всестороннее обследование пациентов NITE и одного из наших людей, подвергшегося воздействию посредством технологии Круглова.
2. Вербовка добровольцев с целью выявления лиц способных "войти" в Резонанс.

Выполнение второго пункта требовало особой деликатности. Волонтёров необходимо было ознакомить с целью исследования - хотя бы в общих чертах. Но как совместить это с требованиями секретности? Не нашли ничего лучшего как последовать примеру практики клиники Круглова в России. Цель исследования решили преподнести как попытку применения инновационных методик в решении различного рода психологических проблем - с предупреждением о возможной временной потере памяти у испытуемых.

И, разумеется, ни слова о Резонансе.

Желающим принять участие было обещано щедрое вознаграждение, и мы получили, как и ожидали, достаточно большое количество заявок.

Выявилась еще одна проблема, которую необходимо было решить: получить согласие Др. Кернер на использование know-how Круглова.

Несмотря на то что официально патент на это не был зарегистрирован, NITE являлся практически единоличным собственником всех методик и изобретений своего пациента.

К обоюдному удовлетворению, NITE получил жирный правительственный контракт, который обязывал организацию предоставить для нашего исследования все разработки, оборудование и методы Круглова которыми они располагают.

Первоначальные результаты обследования пациентов и нашего сотрудника не выявили никаких особенных аномалий, тем не менее специалисты продолжали копать в надежде выявить хоть какие-то побочные эффекты....

Между тем, один из добровольцев, согласившийся участвовать в исследовании, испытывая ожидаемую временную амнезию после воздействия, неожиданно стал нести какую-то неразборчивую ахинею. Акустический анализ смог уловить только несколько бессвязных слов.

Помимо английских слов, были распознаны слова на греческом, русском, арабском, иврите - языках, в которых испытуемый до эксперимента был ни бум-бум.

Поначалу предположили, что имело место просто высвобождение какой-то подсознательной информации - вполне возможно что парень был в ситуациях где фоном был разговор на этих языках.

В дальнейшем случаи стали повторяться - причём проскальзывали слова уже на латыни, арамейском, санскрите.

Таким образом, версия подсознательного фона отпала.

Были привлечены лингвисты с целью выявить хоть какую-нибудь закономерность в этой многоязыковой абракадабре.

Выяснилось что, несмотря на видимую бессвязность, все слова - даже английские - представляли собой отрывки из религиозных текстов.

Об этом можно было догадаться, даже судя по выкрикам на английским: "Thou", "Thee", "Lord" и т.д. - звучали наиболее часто.

После того как память возвращалась, испытуемые не могли припомнить никаких подробностей, связанных с этим бессознательным речитативом.

Однако некоторые из них вынесли из сеанса ощущение (в оригинале 'notion') о каких-то грядущих кардинальных изменениях в мире.

По их утверждению, речь не шла о последствиях изменения климата или космическом катаклизме, а скорее о пертурбациях в общественных структурах и отношениях. Всё это было слишком туманно чтобы делать какие-то выводы и, тем более, прогнозы...

Сеансы продолжались. Кроме вышеуказанных случаев, не было зафиксировано никаких абнормальных инцидентов...

Через несколько дней после своего сеанса, мне позвонила одна их испытуемых - назовем её Джейн - и попросила о личной встрече.

Она поведала что если увидит лицо, которое покажется ей знакомым, или столкнётся с *dejavu*, она не сможет успокоиться пока не вспомнит где видела это лицо или конкретную ситуацию которую она пережила.

Будет мучиться день и ночь, по её словам, пока не вспомнит.

После сеанса, её всё время преследовало это навязчивое состояние. То, что она видела, сидело где-то в памяти и никак не хотело выползать наружу.

Утром того дня когда позвонила, она, сидя в своём GMS Terrain, выруливала задним ходом из своего парковочного места после шоппинга в супермаркете. Как обычно в таких ситуациях, всё внимание было сконцентрировано на зеркалах и камере заднего вида.

Внезапно, безуспешно искомая в течении нескольких дней картина предстала перед ней во всей полноте. Джейн автоматически затормозила и замерла на несколько мгновений, несмотря на возмущённые гудки водителей которым она перекрыла путь.

…Величавое здание и огромная, залитая солнцем площадь перед ним.

Посреди площади - одинокая фигура, по всей вероятности - проповедника, произносящего речь.

Слова не слышны, но она понимает смысл. Мало того, она ощущает что речь адресована человечеству.

И что миллиарды обитателей Земли внимают этой речи вместе с ней.

И была в этих словах какая-то идея, какое-то откровение.

Что отличало эту проповедь от тех, что обычно произносят подобного рода ораторы в церквах, мечетях, храмах.

Что Джейн вспомнить так и не смогла…

Юрий Сандальский

Не могу припомнить какое-нибудь дело в моей практике, где несуразности громоздились бы одну на другую с такой упрямой последовательностью. Делать предположения, строить теории не имеет никакого смысла - в связи с отсутствием каких-либо связных фактов.

Не успели обнаружить связь Ника с четвёркой клиники Круглова, как кибер-вор скрылся в неизвестном направлении. На него, разумеется, был объявлен розыск, так как, помимо прочего, ему ещё корячится и статья об уклонении. Но сомневаюсь что найдут - зная какой он жук, можно быть уверенным что он обеспечил себе какой-нибудь запасной угол чтобы залечь.

Таким образом, ещё один оборванный конец…

Эксперты, впрочем, ещё пытаются опознать место на карте телефонного приложения, зафиксированную камерой наблюдения на Я. вокзале - в надежде обнаружить и четвёрку, и Ника. Есть предположение что это где-то в районе Богучар под Воронежем, но изображение настолько размыто что нет достаточных оснований для отвлечения каких-либо ресурсов на поиски. Решили пока ограничиться уведомлением местных органов МВД - на всякий случай.

Обыск в квартире Ника не дал никаких наводок. Единственное что я смог приметить - это отсутствие PDF-"рукописи".

То есть, несмотря на кавардак, вызванный поспешным отбытием, распечатку он всё-таки не забыл.

Флягу с водой, которую приготовил, оставил на столе - а распечатку захватил.

Я могу это понять - он подсел, также каки я. Забирает этот опус, что ни говори…

1993 – 1994

"Почему именно Хайфа?" - переспросил Шейд. "А почему бы и нет? Взгляни на этот вид!"

И потом, более серьезно:

"Поверь мне - есть причина, и весьма убедительная"

"Но сначала нам нужно решить одну проблему. Два посетителя, ждущие в лобби отеля твоей аудиенции, не просто поклонники твоего 'пророческого' таланта, как ты, наверное, сам догадался".

"Разумеется," сказал Сева. "Для этого не надо быть пророком. Вот их карточки: уполномоченные Интерпола в Израиле Бенни Шомер и Ияр Даган. С каких это пор нами интересуется Интерпол? Что они хотят?".

"Чего бы они ни хотели, запомни одно: когда нами предсказанные события произошли, ты был в Москве, безвыездно".

"Это что, типа алиби? Зачем? Меня в чем-то обвиняют? подозревают?"

"Для паники нет никаких причин, Это их работа - если что-то происходит в разных точках мира, особенно если имеет место какой-либо фактор, каким-то образом общий для этих инцидентов - они обязаны расследовать".

… Беседу вёл русскоязычный Ияр Даган (в прошлом Игорь Даганский). Его коллега внимательно слушал перевод и иногда задавал вопросы на иврите. Складывалось впечатление что босс именно он, Бенни.

На вопрос Севы по какой причине мировой полицейский орган счёл нужным быть вовлеченным в ситуацию, связанную с предсказаниями, Ияр заявил что, прежде всего, Севу ни в чём не подозревают.

"Подозревают?" переспросил Сева. "Какие могут быть во всём этом подозрения? В чём?"

"Дело в том, господин Кратов, что все события предсказанные Вами, представляют собой акты преднамеренного саботажа".

Вышесказанное не сразу дошло до его сознания. Он не нашел ничего лучшего как отшутиться.

"Саботажа? Простите, астероид - это тоже я?"

Ияр рассмеялся. "Нет, это результат взрыва Сверхновой 200 миллионов лет назад"

Затем он стал долго и нудно объяснять Бенни смысл шутки как пародию на диалог из культовой советской кинокомедии.

До Севы тем временем, стал постепенно доходить смысл происходящего.

"Минуточку... саботаж? Какой саботаж? У вас есть свидетельства?"

Ияр извлёк из портфеля толстую папку.

"Свидетельств более чем достаточно, господин Кратов"...

"Мы просто хотели бы выяснить есть ли какая-то... ну как бы сказать... 'рациональная' подоплёка в основе Ваших предсказаний. Какие-то реальные факты, встречи, беседы, которые могли бы подтолкнуть Вас к этим заключениям."

"Прежде всего, я понятия не имел что все эти события являются результатом чей-то злокозненной деятельности. Я полагал что это случилось из-за халатности или природных катаклизмов. То что Вы сейчас мне показали - полная для меня неожиданность... Во имя какой цели это было совершено? Кому это было выгодно?"

"Вот это как раз то, что мы, Интерпол, пытаемся выяснить, и должен признаться - пока безуспешно."

"Кстати, по поводу возможной халатности, о которой Вы упомянули: все что случилось можно действительно назвать преступной халатностью. И, по идее, это вне нашей компетенции расследовать подобные дела.

Если бы не одно обстоятельство."

"Все лица совершившие эти... проступки, находились, по их утверждению, под неким внешним воздействием. Сразу возникла версия о возможном применении каких-то психотропных средств, но никаких доказательств не было найдено, так что это так и осталось теорией."

С этого момента разговор перешёл полностью под контроль Шейда; Сева не смог бы вставить и слова, даже если бы захотел.

"Именно - внешнее воздействие!" - воскликнул Шейд устами Севы. "Теперь я понимаю: эти лица и я находились под влиянием одной и той же зловредной силы: они как исполнители, а я как 'рупор', так сказать. Я, честно говоря, уже думал что еду мозгами когда некто долбил в мою голову все эти предсказания а также требовал что бы я все это раструбил".

"Какие-нибудь предположения что могло бы послужить причиной этого... феномена?"

"То есть почему именно я? Ни малейшего представления! Я бы много отдал если бы кто-то помог мне ответить на этот вопрос. Может, ваше, господа, расследование прольет какой-то свет на это?"

...Когда они остались одни, Шейд, предвидя недоумение Севы предупредил:

"Только пожалуйста, не надо мне рассказывать о незаконности дачи заведомо ложных показаний правоохранительным органам. Такого рода издержки неизбежны, если пытаешься воплотить великий план..."

"Ну да, типа: лес рубят - щепки летят?"

"Ну хорошо, щепки, а сам лес-то? План то есть? Ты хоть интересуешься что это за план такой?"

"Так просвети меня, сделай одолжение - ты всё время держал меня в полном неведении."

"Ты прав, и сейчас самое время раскрыть карты."

"И так, начну с моей, с позволения сказать 'биографии'. Я был рожден, то есть создан примерно в то время, когда всё сущее было создано. Можно сказать, побочный эффект Сотворения Мира. Представь себе некую духовную сущность, обладающую способностью видеть сквозь Вселенные, но полностью лишенную какой-либо возможности как-либо воздействовать на происходящее там.

'Read-only mode' выражаясь на компьютером жаргоне,,, если не считать того, что после бесчисленных попыток я научился доставлять в миры некоторые материальные артефакты...

Остается невыясненным, было ли это частью Дизайна, был ли сам Создатель в курсе? Скорее всего был, но не проявлял ни малейшего интереса к факту моего существования. А может быть и проявлял, только мне об этом ничего неизвестно."

"Все эти миллениумы я имел возможность лицезреть как План воплощается в жизнь - восхищаясь его размахом. Однако методы его воплощения вызывали сомнения, даже смятение. Я пытался понять так ли уж необходимы всё это - насилие, кровь. войны... Стоило ли давать сынам Человека столь щедрый карт-бланш - неограниченную *свободу выбора*? Всё это время я рисовал себе перспективы как *я* бы устроил мир - без всех этих перегибов."

"И оставаться бы всему этому чисто плодом моей фантазии, если бы не один инцидент"

"Понимаю, ты напоролся на меня, или я напоролся на тебя - в зависимости как посмотреть"

"Не совсем Сева, не совсем... Но ход мыслей у тебя правильный - кто-то должен изменить статус своего сознания, чтобы я смог за это зацепиться и впрыгнуть в его мир...Но в первый раз это был не ты"

"Кто же если не секрет?"

"Некий отмороженный научный энтузиаст, который применял на своих пациентах некую методу, которая производила именно этот эффект: изменяла статус сознания этих пациентов."

"У него есть имя? У энтузиаста? "

"Имя тебе ничего не скажет: он обитатель другой Реальности - как, естественно, и его пациенты"

"Не понял... есть другие реальности?"

"О да... множество... в принципе это вариации на одну и ту же тему. Разница в развитие может быть в разбросе 20-30 лет, но цепь событий примерно та же самая"

"Не могу достоверно назвать причину этого 'тиражирования' миров... возможно План включает в себя поиск некоего 'оптимального' варианта, опять же - с какой целью – непонятно…"

"Но у нас с тобой нет времени пытаться разгадать эту, возможно неразрешимую, шараду. Тот факт, что я здесь меняет всё. Дежурная заезженная фраза - *'to make the world a better place'* - может приобрести буквальный смысл, если то, что я задумал будет осуществлено. Представь себе реальность свободную от насилия, ненависти, эпидемий, природных и техногенных катастроф. Равенство, занятость для всех. Гармония в отношениях людей между собой, а также во взаимодействии людей с природой."

"Вот так запросто - рай на Земле?"

"Нет не запросто, Сева, всему есть цена"

"Цена? Что могут предложить жалкие 'сыны Человека' столь могущественной особе?"

"Души."

Души???"

"Это топливо которое питает всё моё естество. Все смутьяны, подстрекатели, злопыхатели, а также преступный сброд подлежат этой участи. Их духовное содержание будет поглощено навсегда, их телесная оболочка просто растворится, исчезнет"

"Меня, по всей видимости, ждет такая же участь."

"А вот тут, мой друг, ты глубоко ошибаешься."

Но в данный момент собственные перспективы как-то отошли на второй план; Севу поразило столь явное проявление богоборчества.

"И тебя совсем не интересует как на это отреагирует... ОН?"

"Кто? Творец? Ты шутишь? Ты всерьез думаешь ЕГО это волнует? Как тогда объяснить весь этот кровавый балаган, который ОН допустил? Я имею ввиду человеческую историю. Да что там история! Взгляни на эту нашу... вашу современность. Таже ненависть, та же злоба... Побежденные ненавидят победителей, неудачники считают успешные общества источником зла, вчерашние гонимые становятся законодателями мод и обвиняют всё остальное население без разбора. Так называемые "гуманитарные законы" направленны против обществ, пытающихся защититься от зверств террористов... Все это сеет семена будущих конфликтов. Неужели не настала пора остановить этот безумный маятник?"

Голос Шейда 'звенел', Сева никогда не слышал, чтобы тот вещал с таким пафосом. Чувствовалось что то, о чем он высказывался, что называется, "наболело".

"Но то, что ты затеял, представляет собой нарушение основного правила игры - свободу выбора, как ты выразился"

"А мы поставим дело так что этот отказ от свободы выбора будет проявлением... свободы выбора. Причём выбора не бестелесного изгоя духовного домена, подобного мне, а вполне законного обитателя этого мира. Догадываешься на кого я намекаю?"

"Да уж яснее ясного... Хочешь сделать из меня 'зиц-председателя' покрывающего твою аферу мирового масштаба. В случае провала, с тебя, 'бестелесного' что возьмёшь? А я пойду под Суд... который вряд ли подкупишь."

""Думаю что пора ознакомить тебя с той частью моего плана где ты лично играешь главную роль. Точнее говоря, успешное осуществление плана полностью зависит от твоего выбора."

"Прежде всего о наших с тобой отношениях. Я понимаю как это выглядит со стороны: некий непрошенный гость вторгся в твоё сознание и с тех пор понукает тобой как ему вздумается. Честно говоря, мне это тоже претит. Однако у тебя есть возможность всё это кардинально изменить."

"Каким образом?"

"Совершить *Слияние* наших сущностей."

"Слияние?!"

"Не будет больше ни Севы ни Шейда. Будет некое существо, которое сохранит твою оболочку и твоё сознание, но обладающее моими возможностями."

"И это всё что от тебя останется? Твои возможности?"

"Останется ещё пламенное желание изменить, улучшить Мир. Ну ещё это... души... "

"Но как ты планируешь это осуществить?"

"О технической стороне не беспокойся. Главное — это должно быть твоё сознательное решение. Это трудно объяснить... я не могу тебя заставить."

Понятие "нереальность ситуации" давно потеряло всякий смысл для Севы - с того самого момента когда в него вселился Шейд. Но в данный момент эта нереальность достигла своего пика и буквально придавила его. Представить себя владыкой мира, тем более обладающим каннибальскими наклонностями (поглощение душ), оказалось выше его сил.

Особенно пугала его необходимость сделать свой сознательный выбор. Он бы предпочёл чтобы Шейд просто заставил его - в таком случае это бы хоть избавило его от ответственности...

Юрий Сандальский (продолжение)

Стоп, Стоп! Только сейчас дошло... "в подкорке что-то взбрыкнулось" пользуясь лексикой нашего Ника.

"Некий отмороженный научный энтузиаст, который применял на своих пациентах некую методу, которая производила именно этот эффект: изменяла статус сознания этих пациентов."

Что за дьявольщина?! Неужели намёк на Круглова с его т. н. Резонансом?! Да нет, чушь какая-то... представляю себе реакцию Прокопа на подобного рода версию. Старый материалист советской закалки просто счёл бы меня полным недоумком если бы я рискнул озвучить её... Ладно, продолжаю читать...

1993 – 1994 (Продолжение)

...В ту ночь Сева практически не сомкнул глаз. Краткие минуты забытья оборачивались всякого рода бредовыми видениями, в которых он лично играл главную роль мирового Злодея. Особенно яркими выглядели картины 'потребления' душ. Само слово 'потребление' наиболее точно описывало происходящее - утоление некоего ненасытного Голода. Только под утро он понял происхождение этого пугающего позыва.

Он даже придумал ему название - 'прелюдия к Слиянию'. Видимо какие-то элементы Шейда уже начали проникать в его сознание. Судя по всему, это не было следствием каких-то преднамеренных акций со стороны Шейда, просто само по себе присутствие в нем этого непрошенного гостя создавало такой эффект.

Федеральный агент Билл Гладстон

На данный момент единственным результатом который, можно предположить, давал какие-то надежды, было видение Джейн, однако никто не имел понятия как его трактовать. Мозговые штурмы ни к чему не приводили и дело благополучно двигалось к полному тупику.

Пока некий русскоязычный аналитик, которому было доверено прочитать пресловутый PDF роман, не заметил одну деталь.

Словесный портрет проповедника, составленный со слов Джейн, полностью совпадал с описанием внешности главного героя романа - Севы Кратова - высокий худощавый молодой человек, брюнет с голубыми глазами.

Это редкое сочетание - черные волосы и голубые глаза (Джейн утверждала, что это сразу бросилось ей в глаза) давало основание считать с достаточной степенью вероятности что Резонанс и роман каким-то непостижимым образом связаны.

Ник Гладченко

Я уже думал это все позади, ан нет... Все эти видения, сны... Около года назад в связи с каким-то срывом, записался на сеансы в эту злосчастную клинику. Затем проклял тот день когда эта идея пришла в голову. Видеть во сне и наяву какие-то картины, не имеющие никакого отношения к тебе или твоей жизни — это само по себе еще полбеды. Но когда испытываешь чувство что кто-то очень сильно что-то хочет от тебя - а что именно? - не имеешь ни малейшего представления - от этого любая крыша может поехать.

Я, разумеется, на следующий день влез в ихнюю систему и затёр все упоминания о себе - в силу привычки: просто предпочитаю не оставлять следов.

Не было ни сил, ни времени даже попытаться выяснить причину этого, просто свалил всё на зловредные побочные эффекты - за неимением другой версии.

Через несколько месяцев все это как-то улеглось, устаканилось. Видения стали менее навязчивыми, и я постепенно притерся, просто старался не обращать внимания - и всё.

Но вскоре после того как я залёг в своём логове, это навязчивое вмешательство стало возвращаться.

На этот раз, впрочем, оно проявилось с большей... целенаправленностью, если можно так выразиться. Вместо океана, огромного столпа и хаотичного мелькания жизней, всё с большей отчетливостью стали проявляться отдельные лица. Видения становились все четче и четче; в итоге я смог вполне ясно различить четыре конкретные физиономии.

Одна женская и три мужских.

Они явно что-то хотели от меня, но что конкретно? У меня мелькнула мысль что им каким-то боком, необходимо воспользоваться моими кибер-знаниями/умениями. Однако и это остается догадкой...

Единственная отдушина для меня сейчас — это продолжать чтение несмотря на все эти 'помехи', это и развлекает, и отвлекает.

1993 – 1994

На следующее утро Шейд начал посвящать Севу в детали своего плана. О Слиянии речь не шла, видимо он решил дать Севе какое-то время осмыслить и принять решение.

"И так почему Хайфа. Ты когда-нибудь слышал о Бохайской вере?"

"Термин знакомый, что же касается подробностей... Я только заметил по дороге в отель что здесь располагается их храм. Но почему именно эта религия?"

"А потому что основной её постулат гласит: три основные мировые религии (религии Откровения, как они их называют) - Иудаизм, Христианство, Ислам - являются составными частями некоей единой Истины.

И что настанет день, когда они сольются в это великого Целое."

"Ты спросишь каким боком это нас касается? Мы просто заявимся к ним и провозгласим что этот день настал, и что об этом необходимо объявить всему человечеству"

"Дураку понятно, что это не должно быть просто голословным утверждением. Необходимо продумать и осуществить какие-то феномены в дополнение к твоим существующим предсказаниям"

"Что это может нам дать? Ответ простой: пропаганда. Бохай - это массовая религия. Если наше 'слово' разлетится среди этих верующих, считай вся планета будет в курсе. Особенно если учесть растущее влияние нового средства общения и массовой информации (или дезинформации) - социальных сетей, которые пользуются все большей и большей популярностью в ваши дни."

"Всё это будет подтверждено твоей репутацией пророка Истинны. Неважно какие формулировки будут применены. Иудеи назовут тебя Мессией, христиане скажут что это второе Пришествие, мусульмане увидят в тебе скрытого Имама, который решил наконец открыться."

"Какие т.н. "феномены планируются на этот раз? Опять природные/техногенные катаклизмы?"

"На этот раз попробуем что-нибудь более зрелищное."

"Более зрелищное ?!"

"Да, и самое главное - символическое. Я надеюсь что мои телекинетические способности позволят это осуществить.

Тряханём - слегка! - Аль-Аксу, а заодно Купол над Скалой и Стену Плача, так как они практически единое целое. Затем проделаем тоже самое с Христианскими святынями, расположенными в Иерусалиме. Можешь себе представить какой переполох вызовут эти целенаправленные 'точечные' мини-землетрясения в Городе трех религий? Тут и отъявленные атеисты засомневаются.

И ты - в центре всего, как предсказатель этого знамения!"

"Да, и еще. По поводу той, другой реальности. Мне так и не удалось туда полностью внедриться, но я не теряю надежду. Есть несколько зацепок, среди них - набор некоторых hi tech наворотов, которые, как я ожидаю, могут вызвать нужный мне эффект в сознании этой пятерки - я имею в виду пациентов 'энтузиаста' о которых я упомянул. Тот мир опережает ваш где-то на 30-35 лет. Можешь себе представить какой это отрыв в технологии учитывая темпы её совершенствования даже в вашей реальности?"

"То есть можно воспользоваться их достижениями уже сейчас?"

"И да и нет. Всё не так просто. Для начала необходимо основательно там закрепиться. Над чем я сейчас и работаю."

"И если удастся добиться успеха - тогда конечно - к твоим предсказаниям присовокупится и твоё 'гениальное' видение научно-технического прогресса."

Однако существует причина, в силу которой необходимо проявлять осторожность в этом деле. Большинство новаторских прорывов в технологии использовались и будут использоваться для создания нового или улучшения существующего оружия. То есть для совершенствования способов убийства"

Юрий Сандальский

Ну наконец хоть одна загадка разрешена - связь Ника с четверкой пациентов Круглова. Мне как-то стукнуло в голову что отсутствие его имени в базе данных клиники еще ни о чем не говорит. Достаточно было показать его фото помощнице менеджера - и все стало на свои места: фото было однозначно опознано. Тот факт, что он удалил себя из их системы удивления не вызывает - зная его 'способности'. Зачем — это другой вопрос. Вероятно, не хотел лишний раз рисоваться.

Но это уже детали.

А главное в том, что ссылка в Опусе на *пятерку* пациентов по всей видимости подтверждает мое подозрение, которое на первый взгляд выглядело полной дичью.

Опус, каким-то малопонятным образом, связан с событиями, которые реально произошли с реальными персонажами из нашей жизни.

Но каким образом автор был осведомлён об этом? Был ли он тоже пациентом? Представителем персонала? Правоохранителем, который проводил аудит заведения? Получается, что это разгадка порождает ещё больше загадок.

И тут мне вдруг подумалось: а что если отбросить все атеистические/материалистические предрассудки и воспринять всё это буквально?

Что действительно существует некий всезнающий дух, пытающийся завладеть мирами?

Ладно, с меня хватит. Отсылаю Прокопу все что накопал на данный момент - пусть думает что хочет. В конце концов он - босс, ему и решать.

Что же касается Опуса, продолжаю читать. Не удивлюсь если проявится ещё что-нибудь из ряда вон...

1993 – 1994

Шейд, несмотря на всю свою эрудицию, не учел один фактор: Афро-Азиатский разлом земной коры, который помимо прочего, проходит и через территорию Израиля. Хрупкое тектоническое равновесие было нарушено, вызвав значительные сдвиги пластов.

Так что обещанные 'мини-землетрясения' не удались. Точнее удались, но далеко не 'мини'.

7-бальные толчки, эпицентр которых находился в окрестностях Иерусалима, вызвали значительные структурные повреждения в Израиле и на Палестинских территориях.

Особенно пострадали Святые места.

Помимо частичных обрушений самих сооружений (что само по себе вызвало экстраординарную реакцию) были и человеческие жертвы - в основном в числе молящихся и паломников.

Люди никогда не искали ответственных за землетрясения (в отличие от обвинений против виновников техногенных катастроф, например).

На этот раз всё вышло иначе.

Потому как Севино предупреждение было четко задокументировано за несколько дней до событий, а это однозначно указывало на причастность.

В то время как религиозная часть мировой общественности продолжала серьезно относиться к Севиному пророческому авторитету, раздавались также и другие голоса - в основном закулисные. В прессе появились намеки на то, что руководящие круги многих стран проводят интенсивные межправительственные консультации с целью прийти к хоть какому-то соглашению по поводу реакции на сложившуюся ситуацию.

И что единственное мнение, которое на данный момент разделяют практически все — это то что с этим 'пророком злого рока' - то есть с Севой - надо срочно что-то делать.

О физической ликвидации, разумеется, никто не упоминал, однако многие склоняются к хотя бы временному задержанию с целью выяснения... чего же он все-таки хочет.

Задействовать Интерпол не было никакой возможности ввиду отсутствия т. н. 'criminal probable cause'.

Между тем, переполох, вызванный землетрясениями, набирал обороты.

Многочисленные публикации в пропалестинской прессе недвусмысленно намекали на очередную "сионистскую диверсию". Тот факт, что среди пострадавших были и иудеи, молившиеся у Стены Плача, был, предсказуемо, игнорирован.

Также как и факт, что предсказатель до этого никаких связей с Израилем не имел и вообще был этническим русским, что называется, до седьмого колена.

Договор "Осло", подписанный несколько месяцев назад, оказался под угрозой срыва.

Недавно сформированная Палестинская администрация, видимо боясь потерять остатки популярности среди своего населения, интенсифицировала свою риторику против "несправедливости оккупации", не приводя, впрочем, землетрясения как пример.

Соответственно, на правом фланге израильской политики очередной раз усомнились в целесообразности "мирного процесса".

Всё это только подлило масло в огонь и усилило тревогу в руководящих центрах. (Этого только нам не хватало - ещё одна ближневосточная заваруха!)

Шейд, как и ожидалось, заявил что бояться нечего, просто на какое то время желательно вести себя потише — пока скандал не уляжется…

Севе, впрочем, это заявление не помогло. Скорее только усилило смятение. К тому же странные ощущения участились и стали принимать какие-то гротескные формы.

В частности, некое навязчивое видение.

Образы были расплывчатыми, но чувство, точнее *чувства*, которые овладевали им при этом, были вполне определёнными.

Наиболее близкой аналогией было истовое стремление узников некоего угрюмого подземелья выбраться любой ценой на свет Божий.

И сокрушительное отчаяние при каждой неудаче.

А также - одновременно - безмерное блаженство тех, кто все-таки умудрился вырваться.

Эти постоянные перепады эмоций оказывали неимоверное давление на психику.

Какое-то безошибочное знание указывало на происхождение этих страстей: Души.

До него дошло, что Шейд слукавил по меньшей мере дважды.

Во-первых, по поводу того, что "все смутьяны, подстрекатели, злопыхатели, а также преступный сброд подлежат этой участи". В действительности же "этой участи", т. е. поглощению подлежали все без разбора.

- все несчастные, которые оказались в сфере воздействия Шейда в процессе его рукотворных и нерукотворных" чудес".

Включая погибших в результате землетрясения и других бедствий им "накарканных".

Также оказалось не соответствующим действительности утверждение Шейда о том что "их духовное содержание будет поглощено навсегда". По всей видимости, даже такая могущественная персона как Шейд не мог противостоять простому факту что Душа бессмертна и в конечном итоге стремится воссоединиться с Тем, кто дал её. Даже если в данный момент Душа находится с самом изолированном "подземелье".

Выходило так, что он соучаствует вместе с Шейдом в "незаконном и несанкционированном заключением под стражу" невинных субъектов.

Не говоря о том что он просто соучаствует в убийствах.

И вообще, утверждение Шейда о том, что Творцу 'до лампочки' всё что происходит с Его творением уже казалось совсем неубедительным. То есть, возможно, за всё придется платить.

Учитывая стресс и депрессию, в котором он находился, это послужило последней каплей.

Однажды ночью он тщательно смочил руки и подошвы, выбрал момент и с каким-то исступлением вонзил две смоченные металлические скрепки в зияющие дырки розетки. 220 вольт скорчили, затрясли его тело - почти совершенный проводник. Невероятной радостью промелькнула ощущение, что тот, кто столь мучительно доминировал его сознанием все эти дни, покалечен и обезврежен, во в всяком случае в этом мире. Гротескным всплеском иронии мелькнула последняя мысль: "Тебе следовало бы освежить свои знания в области электропроводности, о великий и всезнающий..."

...Он очнулся в кромешной тьме с ощущением полной бестелесности. Он слушал диалог, участников которого не мог распознать. В чём он был уверен - это то, что разговор был о нём. Причём до него не просто доходил смысл, некий невидимый переводчик доносил до него этот смысл на его родном языке.

"Мы не можем его принять. Кандидат ещё не готов."
"Но мы не можем оставить его в том мире."
"Повторяю, мы не можем его принять... К тому же это была попытка самоубийства."
"Попытка самоубийства что бы спасти мир от этого урода... Шейд... так он по-моему назвался кандидату."
"Спасти мир от этого 'урода' - то есть от опаснейшего демона, одержимого манией власти, ненасытного пожирателя душ, который проник в мир благодаря бездумной халатности 'спасителя'. Ты думаешь Суд примет во внимание этот его героизм?"
"Суд необходимо убедить в том что, скорее всего, кандидат унаследовал львиную долю способностей Шейда. Можешь себе представить как он может накуролесить в своём мире - а может и в других реальностях - обладая такими возможностями? Я даже не исключаю того, что он слышит нас сейчас."
"Можно конечно попытаться... Могу представить, что Суд ответит..."
"Что же?"

"Надо обезвредить его в его мире."

"Каким образом?"

"Не знаю.. ну. преврати его в калеку, овощ... погрузи его в кому наконец. Необходимо лишить его какой бы то ни было возможности делать сознательный выбор."

"И он будет пребывать в коме до конца своих дней?"

"Да почём я знаю?! Ты что не понимаешь насколько нетипичен этот случай?!"

"Хорошо, сделаю его кататоником... Кома слишком суровое наказание для несчастного"

"Поступай как считаешь нужным, лишь бы сработало. Да, и ещё. Необходимо оповестить миры об угрозе исходящей от этого маньяка. Не прямым текстом, разумеется... ну ты знаешь порядок. Намекни как-то, приведи какую-нибудь аллегорию... Да и саму 'доставку' желательно обставить не ординарно, чтобы привлечь побольше внимания..."

Через мгновение он увидел под собой ярко освещенную реанимационную. "Центром композиции" было его распростёртое тело, над которым суетилась бригада медиков, пытаясь возвратить его к жизни.

Его взгляд мог охватить не только операционную. В зоне его видимости оказалось и смежное помещение, где находилась его семья, срочно прилетевшая из Москвы. Там же находился и Лозинский облаченный в черный, явно не по погоде, костюм и черную шляпу. Лозинский что-то сбивчиво объяснял присутствующим. Из его объяснения исходило что это был он, кто первым обнаружил Севу, лежащего без сознания в гостиничном номере, о чем он незамедлительно сообщил Сергею по телефону, сразу после вызова медпомощи. По какой причине Лозинский оказался в той гостинице - оставалось загадкой для Севы.

Уместная в данной ситуации фраза: "При виде родных, мучительно ожидавших результатов операции, у него 'сжалось сердце'" - не совсем точно отразила бы чувства Севы в тот момент. 'Сердце', как источник эмоций он просто не ощущал. Мелькнуло нечто смутно напоминающее сострадание, не более того...

Он вернулся в реанимационную. По всей видимости, старания медперсонала увенчались успехом. Появилось дыхание, кардиограф стал выписывать обнадеживающие зигзаги. Глаза по какой-то причине оставались отрытыми, и он поразился их выражению. В них не просто была пустота, вполне объяснимая для человека без сознания - это была бездна...

С. И. Прокопенко

Получил от Юры первые результаты его "внеклассного чтения", все эти байки про некоего зловредного духа, который довел главного героя до такой точки, что тому нечего не оставалось как покончить собой. Попытка была хорошо продумана и должна была увенчаться успехом. Однако некие непонятные силы, после короткой перебранки (выделено курсивом) между собой решили оставить беднягу с позволения сказать в живых.

Весьма условно 'в живых', впрочем. Практически отсутствует какой-то либо контакт с окружающим миром, на вопросы не отвечает, однако на простые команды реагирует, с отправлением естественных надобностей .проблем нет.

Плюс ещё эта способность его сознания отделяться от тела и обозревать окружающее, включая это самое тело...

Всё этот так, но каким образом это может приблизить нас к цели - выявить автора и способ "заброса" его произведения на сервер NSA?

Единственный просвет - это недавно доказанный факт: Ник был какое-то время пациентом клиники Круглова и это как-то объясняет его связь с искомой нами четверкой. По всей видимости, Резонанс объединяет всех, кто находится под его воздействием.

Из чего следует что Резонанс 'зацепил' не четверку пациентов, как представлялось ранее, а пятерку.

Что совпадает с "пятеркой пациентов 'энтузиаста'" упомянутой в Опусе.

Тщательная проверка подноготной всех, кто был каким-либо образом связан с клиникой - пациентов, медперсонала, а также лиц участвующих в проверках, аудите - не выявила никого, кто мог бы быть автором или осуществить "заброс". Исключением мог бы стать наш Ник, но и он попался в сеть устроенную NSA, где уже обнаруженный Опус был лишь приманкой.

В силу этого, Сандальский предлагает беспристрастно рассмотреть "трансцендентный", как он выразился, вариант, согласно которому, этот дух - Шейд - является объективной реальностью.

Поэтому, считает он, необходимо срочно остановить все работы, связанные с Резонансом, где бы они не проводились. Иначе, дескать, Шейд сможет проникнуть в наш мир, используя "изменение статуса сознания" испытуемых.

Вот тут-то всё моё профессиональное естество полностью буксует. Разной всячины насмотрелся я за десятилетия работы, но такое... принять существование этого призрака?

Если принять это как факт, то вопросы, но которые мы пытаемся найти ответ, - не самые главные. Если учесть способности Шейда двигать горы и вызывать землетрясения, то наскрябать этот Опус и закинуть его куда ему вздумается - для него это раз плюнуть.

Но, с другой стороны, зачем ему так рисоваться - ведь Опус полностью разоблачает его планы...

Далее, сообщает ЮС, главного героя перевозят в Москву, где боссы ИНМ - Фрэнк Карлайл и Г. П. Круглик - всерьез заинтересовались Севой. В группу врачей пытающихся исследовать состояние Севы, был включен брат Севы - Сергей - один их ведущих специалистов ИНМ в области нейрокибернетики.

Если для Сергея главной целью было желание во что бы то ни стало вернуть Севу к нормальной жизни, у Фрэнка и Круглика были другие мотивы.

Фрэнк, благодаря своим связям, был осведомлен о панике, охватившей госдеп и другие министерства мира после того, как предсказания стали сбываться. Узнав, что Сева находится в распоряжении Франка, его влиятельные знакомые дали ему понять, что на самом верху пирамиды власти ожидают конкретных сведений о природе данного феномена.

Аналогичные "флюиды" исходили и из правительственных кругов РФ по направлению Круглика, тоже в полу-официальной форме.

По всей видимости, власть предержащие относились к всему этому с какой-то суеверной опаской, поэтому воздерживались от прямых приказов.

Но для двух прожженных менеджеров и намёков было достаточно: заполучив Севу, они поставили себе целью раскрыть тайну его пророческого дара – не больше, не меньше.

Помимо вполне объяснимого честолюбия, ими двигало, по их выражению, "научное" любопытство. Никто из них не верил в эту "мистическую дребедень". Деловые соображения также обещали щедрый куш в случае успеха.

Было выдвинуто предложение разработать чип, который служил бы монитором ментальной деятельности пациента и каким-то образом внедрить его в мозг "исследуемого объекта".

Пикантность ситуации заключалась в том, что ключевой фигурой в разработке чипа был никто иной, а брат объекта, т. е. Сергей Кратов.

Было потрачено немало слов чтобы убедить Сергея, что весь этот проект был предложен исключительно во благо его брата. И что необходимая трепанация черепа абсолютно безопасна так как будет проводится лучшими нейрохирургами. Забегая вперед, сообщает ЮС, это обещание было выполнено, никакого ущерба, во всяком случае видимого, операция не нанесла.

Что же касается чипа то, как ранее упомянуто в Опусе, лаборатория Сергея долгие годы специализировалась на подобного рода штуках.

При обсуждении способов реализации замысла, слово "Агасфер" как-то естественно всплыло в памяти Фрэнка и Сергея - практически одновременно. Было решено использовать богатейший экспериментальный материал проекта, его аппаратные и программные разработки. Особенно кстати оказался опыт нескольких удавшихся попыток транслировать импульсы мозга животных в реальные "образы".

Итак, операция по внедрению чипа прошла успешно, после чего началось наблюдение. Технология была достаточно продвинутой для середины 90-х. Во-первых, связь чипа с мониторами осуществлялась беспроволочным образом, что позволяло пациенту свободно двигаться. Чип был также снабжен миниатюрной литиевой батареей, обеспечивающей его работу в течении нескольких недель. По мнению участников, этого времени должно быть вполне достаточно чтобы добиться результатов или убедиться в невозможности получения таковых.

Были задействованы все возможные алгоритмы проекта Агасфер по расшифровке импульсов мозга, для которых внедренный чип служил своего рода усилителем, обеспечивающим получение сигналов внешними мониторами.

А также, по мнению ЮС, своего рода стимулятором деятельности самого мозга.

На начальном этапе, все усилия были сосредоточены на получении и расшифровке визуальных сигналов в надежде получить хоть какой-то намёк на то что происходит в сознании испытуемого. К удовлетворению команды, эта цель была достигнута достаточно быстро. На экранах стали появляться всякого рода силуэты людей, детали помещения, какие-то посторонние пейзажи, которые, по мнению Сергея, могли быть отражением их совместного детства.

Однако всё это не могло приблизить разгадку тайны "пророка злого рока".

Во время одного из мозговых штурмов, кто-то задал вопрос: а почему мы, собственно, полностью копируем методику Агасфера, которая испытывалась только на животных? Человек - это тварь гораздо более сложная. Помимо зрительных образов, в сознании могут быть другие артефакты, ну например мысли, идеи, каки-то абстрактные вещи, не поддающиеся визуализации. Все согласились что "вопрос, конечно интересный", но как это может нам помочь?

Но идея уже получила толчок, и после короткого обсуждения было решено сделать попытку транслировать сигналы не в образы, а в текст.

Для этой цели были проведены тесты типа "вопрос - ответ", где ответ был ожидаем. В соответствии с результатами, была составлена карта соответствия получаемых сигналов основным лексемам русского языка.

Поначалу расшифровке поддавались только тривиальные фразы, которые вряд ли могли помочь. Тогда к делу была привлечена группа филологов, задачей которой был расширение лексикона "переводчика". Осталось неясным каким образом языковеды с этим справились, но диалог вышел на более высокий уровень абстракции.

Параллельно с этим наблюдалось некое улучшения реакции самого испытуемого. Никто не знал наверняка причину; среди возможных объяснений упоминались как стимулирующее воздействие чипа, так и сам лексический тест.

Вообще, согласно методике Агасфера, инициирующие сигналы посылались в различные области мозга с последующей фиксацией ответных реакций.

На этот раз решили не разменивиаться на тривиальные опыты с ожидаемыми результатами, а сосредоточиться на мало изученных областях, ответственных за абстракцию.

Было выбрано "Поле 40" согласно карте мозга Бродмана, то есть "Краевая извилина, т.н. часть *зоны Вернике*, ответственная, среди прочего, за реализацию теорий, философских идей, вероучений."

Поначалу, реакции представляли собой какофонию бессвязных маловразумительных предложений; вероятно, сложность теста была причиной. Наконец была зафиксирована фраза, или скорее тирада, которая имела какую-то смысловую законченность:

"Истеричка! Я был готов дать тебе весь мир и возможность сделать его гармоничным и справедливым! Ты же сбежал как вшивая крыса, испугавшись необходимости сделать сознательный выбор. Пожалел несколько никчемных душонок – мизерная цена за то благо, которое я готовил миру. Я добьюсь своего несмотря ни на что - знай это ты, ничтожество! В этом мире или в другом, но добьюсь!"

Было непонятно в чем здесь дело, кто кого обвиняет и в чем, но это выглядело как явный успех.

Для ЮС, впрочем, всё было ясно: какие-то "реликтовые" осколки присутствия Шейда еще теплились в сознании Севы; не исключено также что воображение Севы рисовало вероятную реакцию демона на Севино "предательство".

Затем внимание группы переключилось на мониторы, фиксирующие визуальные реакции, где стала периодически появляться картина, происхождение которой не поддавалось объяснению: некто, сидящий за столом перед ноутбуком. Было что-то странное во всем этом зрелище, причем никто не мог толком объяснить почему. То ли обстановка, то ли одежда индивидуума, то ли необычно плоская форма лэптопа.

Видение то исчезало, то проявлялось вновь, каждый раз с разными картинками на экране компьютера. На одном из эпизодов был зафиксирован перезапуск, при этом высветилась название версии операционной системы, что вызвало всеобщее недоумение.

WINDOWS 11.0

Стоп! WINDOWS 11.0?! Это в середине 90-х.? Когда версия была, насколько я помню, 3.0 или 3.1? ЮС утверждает, что данное изображение представляет собой доказательство наличия некоего канала связи между реальностью Опуса и нашей реальностью, которая, по утверждению Шейда, опережает мир Опуса на 30—40 лет.

И осуществляется эта связь через сознание главного героя Опуса - Севы Кратова.

Ник Гладченко

Когда прочитал в рукописи результат визуального теста, где высветилась версия WINDOWS: 11, - подумал что автор совсем поехал. Или сделал попытку заглянуть в будущее; "...необычно плоская форма лэптопа" — это тоже вполне можно объяснить, учитывая темпы миниатюризации компьютерных чипов. Однако упоминание пятерки пациентов однозначно указывало на связь с нашей реальностью.

И, если говорить конкретно, на связь лично с моей персоной.

Все мои попытки объяснить это каким-то умственным расстройством не увенчались успехом; в случайное совпадение тоже мало верилось

Так что я испытал что-то вроде облегчения, когда "дополняющая" четверка заявилась в мое жилище.

Просто вылезли из попутки и постучались.

Было какое-то утешение сознавать, что если это и бред, то не у тебя одного.

Один из них, назвавшийся Валентином, стал сбивчиво объяснять причину визита, все эти сны, видения, символику...

Видимо опасался, что я скажу, что здесь какое-то недоразумение и пошлю их подальше. Когда я не высказал удивления и молча пригласил всех в дом, они явно почувствовали облегчение.

Бросив пожитки в угол, один из них (Тигран) раскрыл серый саквояж и извлек оттуда нечто похожее на игровую приставку xBox и 5 HUD (Head up display) дисплеев. (не уверен как HUD звучит на русском - 'проекционный дисплей'?)

Это было довольно необычное сочетание т.к., насколько я знаю, HUD редко применяется в xBox платформе.

CD с инструкциями, среди прочего, призывал пользователей "погрузиться в игру, которая даст им возможность получить незабываемый опыт познания и совершенствования их личностей."

Сама же игра называлась "Прими решение".

Наладив интерфейс, надвинул HUD и вошел в игру в ознакомительном режиме, где содержались описание и основные правила. Уровень подачи информации и обратной связи от пользователя превысил все ожидания.

Это было нечто гораздо более продвинутое чем привычная геймерам виртуальная реальность (VR). По всем своим параметрам система соответствовала требованиям т. н. "Дополненной реальности" (Augmented reality - AR).

В отличие от виртуальной реальности (VR), которая создает полностью искусственную среду, пользователи AR испытывают среду реального мира с наложенной поверх нее сгенерированной перцептивной информацией, например стимуляцией нервных окончаний, осязанием и даже обонянием.

Правила были достаточно просты. Юзер интерактивно выбирал тип сюжета, и система погружала его/её в соответствующую ситуацию, где было необходимо сделать какой-то выбор. Затем этот выбор оценивался 10-бальной шкале типа плохо/хорошо.

Инструкция честно предупреждала: погружение предполагается быть настолько полным, что пользователь во время сеанса не будет иметь понятия что это всего лишь игра - все перипетии сюжета, включая опасность и другие негативы, будут восприниматься как безусловная реальность. В этом был весь фокус - иначе выбор был бы чисто умозрительным, и игра бы теряла смысл.

Приставка позволяла 5 игрокам участвовать одновременно, но мы решили, что для начала, пусть попробует кто-то один. Все осознавали, что тот, кто подсунул нам эту штуку, преследует какую-то свою цель, и, возможно, пытается использовать нас как свой инструмент или в качестве подопытных кроликов.

Я вызвался первым. Просто хотелось покончить со всем этим побыстрее - каким бы ни был финальный исход. Выбрал наобум первый попавшийся нарратив - кажется что-то историческое...

...Восход застал войско в полной готовности. Скудное ноябрьское солнце осветило македонскую конницу - гетайров на сытых киликийских скакунах, переминающихся с ноги на ногу. Ленивые блики пали на 6-метровые сариссы, бесстрастные лица гоплитов. Это застыла фаланга - гигантский гребень, изготовившийся к смертельному прочесу.

Юноша-царь, нетерпеливый и нервный, объезжал ряды, подбадривая воинов, внимая приветственным крикам в ответ. Одна мысль не давала покоя: перед лицом этой несметной рати, согнанной Дарием со всех концов империи – какие у него, Александра, шансы на успех? Будет ли любимец богов удачлив и на этот раз?

В окрестности этой зачуханной деревушки (Гавгамела или как её там) скоро грянет битва, и на ставке - вся Азия.

Ещё не поздно отступить, дать задний ход. Спасти армию от возможного разгрома, а может быть и собственную жизнь.

" *ПРИМИ РЕШЕНИЕ*" - раздался голос…

…Очнулся как от беспамятства. не помня где я и что я. Ребята стояли тут же. Даша уже была готова звонить в скорую. Память, впрочем, постепенно вернулась; я был потрясён этим невероятным по подлинности эффектом погружения.

Однако, помимо этого, имело место некое постороннее присутствие, или даже вторжение во время сеанса. Присутствие, не имеющее никакого отношения ни к Александру, ни к Дарию, ни к историческим событиям вообще.

И по какой-то непонятной причине сеанс был прерван - я так и не получил возможность "принять решение".

Когда мысли пришли в порядок, один факт, который раньше был просто догадкой, стал очевиден: вся эта история с Гавгамелой (или любая другая история из этого ящика) была лишь приманкой.

И я эту приманку заглотил.

А это значит что я нахожусь во власти того кто сидит у другого конца удочки. И, судя по всему, он этой властью уже воспользовался - мною постепенно овладевало непреодолимое желание вернуться.

Причём не обязательно в Гавгамелу (хотя это был сам по себе незабываемый experience), а… в некое место? пространство? - где я бы встретил лицом к лицу этого затейника.

Юрий Сандальский

Продолжаю читать.

Участники эксперимента начинают получать всё больше текстовых расшифровок, связанных с "диалогом" Севы с Шейдом. Участники по-прежнему без понятия что это всё значит.

Но и я начинаю сомневаться в своих первоначальных версиях изложенных в докладе Прокопу: либо какие-то "реликтовые" осколки присутствия Шейда еще теплились в сознании Севы, либо воображение Севы рисовало вероятную реакцию демона на Севино "предательство".

Ибо все это напоминало не диалог, а, судя по выражениям, злобную перебранку. Но и это определение не вполне описывало происходящее — датчики исследователей показывали сильнейшее эмоциональное напряжение пациента. До меня внезапно дошло что это было на самом деле.

Яростный поединок.

Отчаянная борьба за нечто жизненно важное для обоих.

Обмен репликами не отличался многообразием. Фразы типа: "Не позволю, изыди!" или "Не суйся, пожалеешь!" - употреблялись наиболее часто.

Воображение рисовало двух индивидуумов, отчаянно тузящих друг друга из последних сил и периодически изрыгающих словесные выпады, чередующиеся с прерывистым дыханием.

Видимо что-то произошло с Севой во время его экспериментального "лечения". Возможно, определённую стимулирующую роль сыграл микрочип с литиевой батарейкой.

Так или иначе, кататоническое состояние, к которому он был приговорён одним из "голосов", дало сбой или перешло в какую-то другую, более активную форму.

Что создавало вероятность того что он потенциально может "*накуролесить в своем мире - а может и в других реальностях*".

Ник Гладченко

Второе погружение было настолько скоротечным, что я долгое время не мог припомнить подробности. Такое иногда ощущаешь, внезапно пробудившись от предрассветного сновидения. Остается впечатление о чем-то, ярком, явственном; что же касается деталей...

Все что я вынес - сижу у больничной койки, на ней некто бледный и изможденный, держит мою руку в своей и что-то пытается поведать. Вокруг аппаратура, датчики, суетящийся персонал, который, по всей видимости меня не видит.

Основной тезис, изложенный пациентом: эта навороченная игровая система - попытка некоей опасной сущности проникнуть в "ваш" мир. И что он, пациент, смог *временно* блокировать эту сущность ("так что у нас мало времени").

В связи с этим, необходимо уничтожить саму приставку и все HUD.

"Но это ещё не всё. Судя по всему, 'у вас', в Америке до сих проводятся опыты, которые могут использоваться этой тварью чтобы пробраться в 'ваш' мир и захватить власть. Я пытался дотянуться до них, но без успеха. Необходимо любой ценой прекратить эти опыты."

После "пробуждения" я больше не испытывал позывов вернуться - видимо "чары" затейника потеряли власть надо мной.

А потом припомнил кое-что ещё.
Когда я обратился к нему и назвал его по имени - Сева - он был поражен тем фактом что я знаю кто он. Выяснилось, что он понятия не имеет о пресловутом PDF- романе.

Кто же в таком случае этот автор?

Впрочем, этот вопрос отошел на второй план, так как меня стало преследовать странное ощущение.

Будто являешься персонажем некоего повествования, сюжет которого застрял в тупике. И только от тебя зависит сдвинуть его с мертвой точки. То есть надо что-то делать, предпринимать, действовать.

Но что? Что можно предпринять сидя в этой дыре, скрываясь от правосудия? Явиться с повинной? На это я не пойду ни за какие посулы.

Так что угомонись, уговаривал я себя, не в твоём положении пытаться на что-то повлиять. Даже если этому Шейду удастся проникнуть к нам, моя ситуация вряд ли изменится.

Было ли это случайностью или какой-то закулисный кукловод подсунул мне это как шпаргалку, но пересматривая свою котомку с целью навести там какой-то порядок, я натолкнулся на визитку о которой уже забыл и думать.

Юрий Сандальский
Департамент компьютерной безопасности МВД Российской Федерации
Телефон служебный: _____
Телефон мобильный_____

Вполне можно было бы сгенерировать звонок на этот мобильник без указания номера звонящего. Но что я ему скажу? "Юрик, давай вместе спасём мир"?

Когда я поделился этими своими метаниями с ребятами, они в общем согласились что сидя здесь, ничего изменить невозможно, а покинуть сейчас это место было бы чистым безумием.

Однако Валентин добавил: "Но с другой стороны, если он не будет знать откуда ты звонишь, то в чем проблема?"

И действительно, подумал я, чем я рискую?

В принципе, он произвел на меня неплохое впечатление, этот ЮС. Толковый мужик, без всяких закидонов, иногда свойственных правоохранителям. В известной парадигме, его вполне можно было бы охарактеризовать как "good cop".

Что же касается темы разговора, я вспомнил что он тоже читает этот PDF, и у меня забрезжила надежда что он меня сможет понять.

Юрий Сандальский

21:00. Голова еще не отошла от сутолоки и перипетии рабочего дня. Звонок.
"Кто это?"
"Ник"
"Ник?"
"Ну да, подследственный... Помнишь такого?"
Несколько долгих секунд потребовалось чтобы как-то осмыслить все это.
"Где ты? Откуда звонишь?" А сам почти автоматически включаю программу – идентификатор *реального* номера. Никакого результата - ну да, конечно, Ник не был бы Ником, если бы дал так запросто себя словить.
"Где я нахожусь, Юра, — это сейчас дело десятое... по сравнению с тем что я собираюсь сказать. Но сначала один вопрос. Исходя из всех фактов обо мне и твоего личного опыта общения - произвожу ли я впечатление полоумного? Я серьезно спрашиваю."
"Полоумного?... да вроде нет... последнее что приходит в голову, когда касается тебя"
"Спасибо. А то я, честно, последнее время стал сомневаться... Ну тогда слушай"
"Это самое произведение, о котором мы с тобой вели беседу не так давно, не просто кусок текста кем-то написанный и 'закинутый'. Я до сих пор понятия не имею кто такой этот писака. Однако его герой, этот самый Сева, вошел со мной в реальный контакт. Не во сне, а, можно сказать почти наяву. Я не буду вдаваться в подробности обстановки, в которой происходил разговор, но убежден что это была абсолютная реальность."
Не знаю почему, но это заявление не вызвало у меня изумления - реакции, которую, видимо, Ник ожидал. Фраза что герой нашего Опуса "может накуролесить в других реальностях" подготовила меня к любым неожиданностям.

"Сева? Интересно... И о чем же велась беседа, если не секрет?"

Ник Гладченко

В своих самых диких мечтах не мог себе представить что мой звонок будет таким удачным. ЮС как будто ожидал что-то подобное и не только не посчитал мой рассказ чистейшим бредом, но даже не удивился. Мы не только обсудили план действий, он даже взялся помочь его осуществлению.

Короче, в определенной ячейке Ярославского вокзала меня ждали новые документы и билет до Стамбула. Оттуда я без проблем смогу добраться до места назначения - Нью-Йорка. А там предстояло действовать по обстоятельствам. Если устные увещевания не убедят американцев закрыть проект Резонанс и уничтожить все артефакты с ним связанные, то мне ничего не остается как записаться в число подопытных кроликов и войти в сеанс. Что при этом произойдёт мы представляли смутно.

Однако не покидало ощущение что представ перед Шейдом на этот раз, всё будет иначе для меня. Подсознательно, я надеялся на поддержку Севы в какой-нибудь форме. Сам факт что Шейд пока никого ещё не зацепил, был хорошей новостью. Однако ситуация может изменится в любой момент, так что время терять нельзя.

Что же касается приставки и HUD, у меня не хватило духа поднять руку на этот технологический шедевр.

Замотав в несколько слоёв плёнки, я запер это все в дубовый ларь в подвале, а ключ забросил в щель между ларем и стеной. Вроде, с одной стороны, избавился, а с другой - смогу извлечь при настоятельной необходимости...

Ребята засобирались назад, благо все позывы, видения наяву больше их не тревожили, так же как и меня. Так что необходимость их пребывания полностью отпала.

Даша, впрочем, дала понять, что она бы смогла остаться на некоторое время если я не возражаю. Дескать, в Москве жизнь не задалась, возвращаться ей практически некуда, а в местном райцентре есть объявления по поиску сотрудников в медицинский офис, где бы она вполне смогла устроится. К тому же жильё здесь недорого, так что она смогла бы вскоре снять что-нибудь и осесть здесь пока, вдали от столичной сумятицы.

"Возражаю?!" - вскричал Я - "Да для этой хибары это было бы чистым благословением. Она не чувствовала женской руки - наверное со времен Емельки Пугачёва! Но тебе нужны какие-то средства что бы как-то протянуть пока не устроишься"

И не взирая на её возражения, я засунул в вырез её платья три купюры по сто баксов каждая - взять их в руки она отказалась.

Она покраснела. "Ты меня поощрил как какую-то стриптизершу..." И потом неожиданно, с сожалением: "Вряд ли я тяну на стриптизершу с такой фигурой"

"Во-первых стриптизершам суют деньги не под бюстгальтер, а в трусы. Во-вторых, я не встречал стриптизерш с таким чистым взглядом и такой замечательной косой"

"Что же касается фигуры. В подвале стоит тренажер; при соответствующем старании, можно сбросить с его помощью за три - четыре недели где-то 4 кг. Тогда любая стриптизерша в мире удавится от зависти завидев тебя"

Она улыбнулась. "Хорошо, я постараюсь"

И потом, вдруг: "Я буду ждать..."

Ничем не примечательная фраза, однако при этом что-то сдвинулось во мне - не знаю в какую сторону. С одной стороны, это здорово что тебя будут ждать. С другой стороны, нет никакой гарантии что мне вообще удастся вернуться, так что ожидание ждущей персоны может быть напрасным.

После секундного колебания, я извлёк один из мобильников с SIM-картой запрограммированной на звонки на один из моих ботов, который каким-то чудом избежал обнаружения.

"Это на всякий случай, для контакта... Не для того, чтобы печки-лавочки разводить, разумеется. Звонить только в случае необходимости."

Федеральный агент Билл Гладстон

С определенного момента, в показаниях волонтёров всё чаще стали появляться упоминания о некоем ораторе, по их описаниям, напоминающим того, кого видела Джейн. Всё началось с того, что в офис заявился какой-то непонятный русский и посоветовал закрыть Проект, т.к., дескать, некий злокозненный демон может воспользоваться эффектом Резонанса и материализоваться в нашем мире завладев духом и телом кого-нибудь из числа испытуемых.

Это вызвало веселое оживление среди персонала. Кто-то спросил будет ли эта аренда духа и тела бесплатной или 'кокону' полагается вознаграждение? Было предложено установить очередь для желающих предложить демону свои услуги.

Николай Гладков - так звали русского - не ожидал, видимо, иной реакции. Следующей его фразой была просьба зарегистрировать его добровольцем на наши эксперименты.

Формальных причин для отказа не было, и просьба была удовлетворена.

Отношение к Гладкову сменилось на гораздо более серьезное после первого же сеанса, когда он описал в своих показаниях индивидуума аналогичного тому, о ком докладывала Джейн. Все показания испытуемых были строго засекречены, и не было ни малейшего шанса что Гладков знал о них заранее.

В отличие от того, что испытала Джейн, видения Гладкова уже не представляли собой 'немое кино'. Он, по его словам, отчетливо слышал голос оратора; который, опять же, по словам Гладкова, пытался предупредить о зловещей опасности для человечества, связанной с проектом Резонанс. Поначалу это было воспринято с известной долей скептицизма, выглядело так что Николай просто пытается придать весомость своим первоначальным заявлениям о 'духе'.

Затем другие волонтеры стали испытывать аналогичные видения, по их словам, пока в немом варианте. Причём в их поведении стали проскальзывать нотки смятения, даже испуга. Они стремились как можно скорее закончить интервью и покинуть помещение.

По словам тех, кто проводил интервью, их не покидало ощущение что интервьюируемые что-то недоговаривают.

Следуя инструкциям, я доложил боссу о происходящем, и тот незамедлительно отправил мой раппорт - наверх, по инстанции. Никакой реакции сверху не последовало, и мы решили что нам ничего не остается как продолжить все эти изыскания - неведомо чего.

Однако сразу возник вопрос: должны ли мы проигнорировать все эти изменения в поведении испытуемых или необходимо попытаться найти хоть какое-то объяснение - перед тем как двигаться вперед наезженным путём. Возникла идея последовать примеру исследователей проекта Агасфер из PDF-романа и исследовать реакции мозга и ЦНС с помощью технических средств. Благо, необходимости трепанации черепа больше не было, современная технология позволяла осуществлять мониторинг не-интрузивно. Мы так же надеялись на помощь ИИ в расшифровке сигналов.

Было решено предложить роль первого 'кролика' Гладкову. Уже не было опасений что он будет нести какую-то отсебятину - аппаратура, среди прочего, работала как детектор лжи и фиксировала только реальные ощущения.

Гладков согласился при условии, что его ознакомят со всеми результатами опыта и даже подписал обязательство о неразглашении результатов.

К нашему разочарованию, аппаратура не показала ничего что имело бы смысл. Мониторы показывали какую-то какофонию сигналов, не поддающихся расшифровке, даже с помощью ИИ.

Однако на Гладкова опыт повлиял фундаментально - и не в лучшую сторону.

Можно сказать, что он впал в транс: - закатанные зрачки, измененный голос, а главное - околесица которою он плел - на русском и английском вперемежку.

Основным лейтмотивом была идея о том, что это величайшая трагедия - отсутствие лидера, который бы исправил все ошибки и несправедливости мира, а также наказал бы виновных. Эта мысль повторялась в разных вариантах, но ,вывод был неизменен. В редкие минуты прозрения он был поражен, просматривая видеозаписи, фиксировавшие его поведение во время транса. В одном из таких моментов отрезвления он сказал: "Мне кажется я знаю, что происходит. *Он* пытается устроиться во мне". Так и сказал: "устроиться" (в оригинале:"to settle in").

Затем началось нечто не поддающееся рациональному объяснению.

В бреде Гладкова стали проскальзывать имена других испытуемых, которые хранились в строгом секрете. Вначале упоминались только имена (в оригинале: first names), что не вызвало поначалу никакого интереса.

Но потом эти имена стали иногда повторяться вместе с фамилиями. При упоминании каждой фамилии НГ отрицательно мотал головой, как бы отвергая эти кандидатуры на некую конкурсную роль. Затем всё чаще и чаще в бреде стало звучать имя, вызвавшее явные положительные эмоции у НГ. Он произносил это имя с пиететом, можно даже сказать с какой-то нежностью.

Никодим.

Вот некоторые более-менее связные фразы из бреда, обращенные к Никодиму:

"Не следуй примеру этого неудачника. Он упустил свой момент и еще пожалеет."

"Дай шанс человечеству, *прими решение*. Это и твой шанс тоже."

"Ты и я вместе - это судьба. Нельзя предотвратить неизбежное."

Неожиданно привычные причитания были прерваны одной короткой фразой, которая звучала явным диссонансом по сравнению с тем что НГ вещал перед этим. Казалось, говорит некто другой, даже голос изменился.

"Ты один на один с ним, Ник. Я пытаюсь прорваться, но пока безуспешно. Держись. Б-г в помощь."

Реплика была произнесена скороговоркой, чувствовалось что говорящий опасается что его могут прервать в любую секунду.

Когда НГ после очередного пробуждение узнал о сообщении от этого "постороннего", так сказать, источника, он впал в отчаяние. Выглядело так, что эти попытки "прорваться" были его последней надеждой.

Между тем, версия об "одержимости" (в оригинале "possession") стала представляться всё более вероятной, даже для персонала нашей группы - в основном убежденных материалистов. У меня же в голове давно сидела мысль попытаться воспользоваться помощью какого-нибудь оккультного знахаря - будь то священник, раввин, мулла... шаман - кто угодно. В конце концов помочь НГ - эта наша прямая обязанность. Тот факт, что парень очутился в такой кошмарной ситуации, был прямым следствием наших экспериментов. Я, разумеется, доложил обо всех этих метаниях шефу, а тот, по рутине, доложил о них наверх.

На этот раз ответ пришел незамедлительно. Сообщалось что группа специалистов с "соответствующим профилем" занялась поиском достаточно компетентного экзорциста. И если более чем один индивидуум будет соответствовать требуемым критериям, им всем будет предоставлена возможность помочь - по одиночке или в группе.

Мы же решили временно отложить все эксперименты. То, что происходило с НГ было достаточно веским основанием для этого. Самого же НГ ввели по моему настоянию в искусственную кому - в состояние, которое тоже, как предполагалось, будет временным, пока не будет найдено некое решение. Как действовать если решение не будет найдено - этот вопрос не поднимался вообще, во всяком случае публично, хотя, я думаю, он сидел в голове каждого из нас...

Через месяц с небольшим прибыл первый экзорцист из Рима - патер М. - рекомендованный самим Конклавом.

Когда же НГ был приведен в чувство, оказалось что он... полностью нормален: от бредового состояния ни осталось и следа. Кроме явных признаков изнеможения, вызванного нервным перенапряжением - никакой патологии.

Патер М. предположил, что эти несколько недель комы оказались слишком долгими для нетерпеливого демона. Он даже не знал когда это "овощное" состояние НГ кончиться и кончиться ли вообще. Это могло заставить его покинуть данный "кокон" чтобы начать искать другие возможности.

Трудно описать какое облегчение мы все почувствовали. Так что решение заморозить Резонанс на неопределённый срок не вызвало сожаления.

Если суммировать в двух словах общее настроение всех, кто принимал участие: существует Предел, за который не стоит и заглядывать даже во имя самых насущных научных интересов...

Ник Гладченко

(Вместо эпилога)

Прошла почти неделя, с тех пор как я очухался. До сих с трудом доходит что это всё позади - преследует постоянное ожидание очередного "вторжения". Но пока слава Б-гу, ничего, никаких рецидивов. Удостоился визита самого г-на Гладстона, который, можно сказать, спас меня, погрузив в искусственную кому.

Он сказал что не имел возможности информировать моих близких во время моего беспамятства, так что вопрос как бы повис в воздухе что можно сделать сейчас. Я конечно мог бы сказать что не стоит беспокоится, я позабочусь об этом сам. Но зная из какого он ведомства, я понимал, что любую пургу, которую я скажу - вольно или невольно - он вычислит в момент. К тому же я был слишком изнурен чтобы продолжать выкручиваться. Короче я вывалил ему все: кто я, зачем здесь и т.д. Единственное, о чем я умолчал — это кто выправил мне въездные документы - не за какие деньги я бы не подставил ЮС.

Он не выразил особого удивления, только заметил что мне нечего опасаться, так как серьезных нарушений закона я не совершал, разве что только утаил от INS своё настоящее имя, но это можно уладить. Кстати, добавил он, если ты не в курсе, все парни из твоей группы отделались условным наказанием и сейчас начинают работать, как он выразился "по другую сторону забора", т.е. на анти-хакерские ведомства своих правительств.

Нетрудно представить как я обрадовался услышав эту весть - с меня как гора с плеч свалилась.

Так что лежу себе в роскошном реабилитационном центре, в основном сплю, иногда читаю.

А также "перестукиваюсь" с Дашей текстами при помощи моего единственного оставшегося бота. Она, как и ожидалось, нашла работу, а вскоре и жилье в том райцентре. Уже на новом месте, она как-то вспомнила о каких-то оставленных в моем доме продуктах и решила их забрать – "не пропадать же им, в самом деле".

Перед самой остановкой она увидела столпотворение у моего, обычно безлюдного логова: полиция, мигалки, лица в штатском. Каким-то образом вычислили всё-таки. Как раз в тот самый момент выносили, помимо других вещей, тот самый дубовый ларь, куда я закинул навороченные причиндалы "подаренные" Шейдом. Что же, пусть теперь в ФСБ позабавятся - что при этом произойдет - у меня даже нет сил думать...

Звучит неправдоподобно, но какая-то часть меня иногда даже... симпатизирует Шейду. Это ни в какой степени несравнимо с тем зловещим, вызванным им позывом при помощи которого он пытался "слиться", или, точнее поглотить меня. Можно с объективностью констатировать что этот изгой искренне, без особой выгоды для себя, стремился исправить огрехи мира, т. к. считал, что его обитатели заслуживают лучшей участи... Во всяком случае, скажем так, большинство обитателей. Помимо воли, эта бескорыстная страсть, это мистическое "подвижничество", если можно так выразиться, вызывает определенное уважение. Особенно если взглянуть на этот мир сегодня. Не буду цитировать Шейда перечислением всех пороков нашего муравейника (или лучше сказать 'паучника') - они видны невооруженным взглядом каждому кто не поленится взглянуть. Что же касается методов который он избрал, они даже не оригинальны. История знает случаи несравненно более жестокого, массового насилия, оправданием которому всегда служило стремление к благородной цели. Так что по шкале мирового злодейства наш старина Шейд - явный аутсайдер.

Что же касается PDF-романа, то к моему разочарованию, повествовательная часть неожиданно обрывается после попыток описания возвратить Севу в нормальное состояние. Далее следуют малозначительные факты из истории семьи Кратовых, библиография, индекс, и т. д.

Пытаясь строить всякого рода домыслы по поводу авторства, я не смог даже приблизиться к сколь-нибудь рациональному выводу. Единственной версией, которую можно было бы назвать (хоть и с большой натяжкой) "правдоподобной" - это работа одного из голосов, которому было поручено "*оповестить* миры" при помощи каких-то там намеков и аллегорий, а также неординарного способа "доставки".

Можно констатировать, что доставка таки получилась неординарной - "неординарнее" просто не придумаешь. Именно доставка спровоцировала цепную реакцию всех этих событий…

Перечитывая роман, я, по какой-то причине, постоянно возвращаюсь к неоконченному стихотворению, посвященному Леоне. Думаю, Сева унаследовал эту тягу к стишкам в символистском стиле от мамы Лины. До этого я не испытывал никакого интереса к рифмоплётству, но в данном случае почувствовал что-то вроде сожаления что стихотворение так внезапно обрывается - совсем как весь этот роман…

Во время очередного перечитывания, каким-то невероятным образом, может в силу стремления хоть к какой-нибудь законченности, строки как-бы сами собой родились в голове в попытке завершить все-таки эти стихи. Полного завершения не получилось, так что закончил многоточием. Вообще, этот знак препинания наиболее уместен для всего этого произведения, этой недосказанной притчи.

> Сейчас вспомню едва-ли - во сне иль в бреду -
> Мы с тобою гуляли в волшебном саду.
>
> Наши души влетели в чей-то благостный мир
> Птиц небесные трели сотрясали эфир.
>
> Некто мудрый и светлый нам указывал путь

В чей-то угол заветный, в чью-то тайную суть.

Только вот не спросили - видно робость храня -
Год рожденья Мессии, дату Судного дня.

Не узнали толково назначенье планет
И про тайное слово - зарученье от бед…

*Возвращенья похмелье не развеяло грусть —
Вряд ли в это виденье когда-либо вернусь.*

*Никакая гадалка мне не сможет сказать
Как смогу я вернуться в сад тот опять.*

*Прозябать мне в незнании, видно, век суждено
А там, в горнем сиянии, уже все решено…*

www.ingramcontent.com/pod-product-compliance
Lightning Source LLC
LaVergne TN
LVHW051037070526
838201LV00010B/230